数智未来

中国企业数字化转型之路

蓝凌研究院 ◎ 著

THE FUTURE OF
DIGITAL INTELLIGENCE

The Road to Digital Transformation of
Chinese Enterprises

浙江大学出版社
·杭州·

图书在版编目（CIP）数据

数智未来：中国企业数字化转型之路 / 蓝凌研究院著. — 杭州：浙江大学出版社，2023.8
ISBN 978-7-308-23977-6

Ⅰ. ①数… Ⅱ. ①蓝… Ⅲ. ①数字技术－应用－企业管理－研究－中国 Ⅳ. ①F279.23-39

中国国家版本馆CIP数据核字(2023)第119509号

数智未来：中国企业数字化转型之路
蓝凌研究院　著

责任编辑	吴沈涛
责任校对	陈　欣
封面设计	仙境设计
出版发行	浙江大学出版社
	（杭州市天目山路148号　邮政编码　310007）
	（网址：http://www.zjupress.com）
排　　版	杭州林智广告有限公司
印　　刷	杭州钱江彩色印务有限公司
开　　本	880mm×1230mm　1/32
印　　张	6.75
字　　数	134千
版 印 次	2023年8月第1版　2023年8月第1次印刷
书　　号	ISBN 978-7-308-23977-6
定　　价	62.00元

版权所有　侵权必究　　印装差错　负责调换
浙江大学出版社市场运营中心联系方式：0571-88925591；http://zjdxcbs.tmall.com

推荐序一

数智赋能，助力高质量"数字中国"建设

今天，伴随着各类数字技术全面融入经济社会发展的各个领域，数字化成为催生新动能和新优势的关键力量。在各种不确定因素的影响下，数字化正成为企业与组织锻造新韧性的重要手段。"要不要数字化"的问题已被"要怎样的数字化"的问题所取代。

什么是高质量的数字化转型？行业领先企业又是如何推进企业数字化转型的？带着这些疑惑，蓝凌通过与五万多家客户的合作，发现中国企业的数字化转型已经从组织在线化向业务数字化、管理数字化推进，并开始向产业互联时代的企业间数字化协同、生态协同迈进。

20多年来，中国的消费互联网高速发展，人与人、人与服务的广泛连接基本实现。但大量"物"与"服务"还没有完全数字化，人与物、人与服务的连接也不够。虽然企业数字化转型让情况有所改善，但在产业领域，"人、财、物、事"的数

字化程度还有待提升，尤其是企业内外、产业上下游间的协同亟须加强。

产业互联网的核心主要有三个方面：一是生态在线和数据业务化；二是要求企业与客户、供应商、经销商等生态成员在同一个平台上，提升供给品质与效率，满足用户深层次的个性化需求，带动消费与产业升级；三是通过用户、企业与产业方面的数据分析，洞察用户心智与消费变化，支撑业务优化与商业创新，发现新的增长机会。

传统协同工具已经难以支撑当下的企业数字化转型。在传统 OA 系统向生态 OA 系统升级的背后，是"人、事、果、感、做、推"等方面的变化。其中，在"人"方面，企业要从组织内部的员工协同，转变为组织内外一体化的生态协同；在"事"方面，企业要做到从行政办公到业务、财务的全方位数字化；在"果"方面，企业要对全业务流程进行管控，将数据资产作为企业运营的主要动力；在"感"方面，企业要提高员工的参与感，让员工从"被管控""被要求"的状态转变为"被赋能""被取悦"；在"做"方面，企业要通过企业服务、智能硬件、基础 IM 及文档能力，加速实现从自建应用到整合生态应用的转变；而在推广使用方面，企业则要改变过去统筹建设的做法，用更普惠、更敏捷的低代码工具激发企业的数字化创新动力，实现企业办公从信息化向数字化的转变。

新一代的数智化工作平台，必须适配各类新组织，集成多种新能力，满足更多新场景应用需求，支撑中大型组织快速构建生态协同平台,使产业链大协同更高效。以蓝凌 MK 数智化工作平台为例,其支持构建生态组织,使企业外部的各类群体,例如客户、供应商、经销商、潜在员工、意见领袖、粉丝等,在同一个生态组织内高效协作。

蓝凌相信,携手伙伴一起努力,必将推动企业协同向生态协同升级,促进企业数字化协同向企业间数字化协同升级,全面提升企业与产业的竞争力,让数字化、智能化在千行百业结出更丰硕的成果。

——蓝凌软件董事长　杨健伟

推荐序二

把数字化转型当成第一战略

党的二十大报告提出，要建设现代化产业体系，坚持把发展经济的着力点放在实体经济上，推进新型工业化，加快建设制造强国、质量强国、航天强国、交通强国、网络强国、数字中国。

数字化转型将是未来经济与社会高质量发展的重要动能，是所有企业管理者的必答题，越来越多的企业将数字化转型列为第一战略。蓝凌作为数智化办公专家，一直秉承着"赋能数字化转型，让组织更智慧"的使命，致力于用先进的数字化产品和服务，促进各行各业的大中小组织迈入数字化时代。基于服务五万多家中大型组织的成功经验，我们认为数字化转型的成功离不开正确的认知和科学的执行。

数字化转型是一个通过深入运用新一代数字技术，构建一个全感知、全连接、全场景、全智能的数字世界，对业务进行优化，对传统管理模式、业务模式、商业模式进行创新和重塑的过程。

我们可以从以下三个方面来理解数字化转型。

第一，数字化转型的根本目的在于提升企业竞争力。新技术的运用并不是目的，数字化转型的根本目的是提升产品和服务的竞争力，让企业获得更大的竞争优势。

第二，数字化转型的本质是业务转型。数字化转型的本质是在新一代信息技术驱动下的一场关于业务、管理和商业模式的深度变革与重构，技术是支点，而业务是内核。

第三，数字化转型是一个长期系统工程。数字化转型面临的挑战来自方方面面，从技术变革到业务创新，从组织变革到文化重塑，从数字化能力建设到人才培养，因此，数字化转型不可能一蹴而就。多数企业需要3—5年，甚至更长时间才能取得显著成果。

企业要做数字化转型，涉及的工作较多：从确立数字化愿景到成立数字化组织，从评估数字化现状到制定数字化转型规划，从建设数字平台到数字化运营，等等。作为数智化办公专家，我们给出以下建议。

第一，战略为先，业务为要。首先解决发展和路径问题，找到自身的竞争优势，定义未来的商业模式，明确自身转型之路，基于业务构想确定数字化转型的愿景和顶层战略。

第二，云筑底座，在线先行。企业上云是数字化转型的关键。实现组织在线、沟通在线、协同在线、业务在线、生态在线是数字化转型的基础。

第三，数据重构，洞见赋能。企业要开展"数据重构"行动，建立行之有效的数据治理机制，将数据变成有价值的资产。

第四，体验至上，全链驱动。企业要全面推广"客户需求至上"的体验文化。

第五，智能运营，规模发展。企业要不断加强工作流程的自动化，并借助优质的多元化信息，实现工作流程的闭环管控和动态优化。

第六，生态共进，跨界经营。通过引入生态合作伙伴，企业能够打造灵活的运营模式，突破人才壁垒与组织边界，综合调用各种资源。

第七，多重价值，多维发展。除了创造经济价值，企业还要兼顾多重愿景，将利益相关者的福祉纳入价值评估体系，在数据治理、应对气候变化等多个社会责任领域塑造全面的可持续优势。

数智化时代，转型是风口，转得快、转得好，就能拥有一个全新的未来。希望所有专于数字化转型的企业能知行合一，收获成果。蓝凌在数字化转型的路上，与您相伴同行，一起创造更多的价值。

——蓝凌软件总裁　徐霞

目录
CONTENTS

上篇 顺势而为：开启企业数字化转型

第一章 认知：数字化重塑一切 / 3
数字经济时代的企业转型 / 5
数字化转型的三个阶段和金字塔模型 / 9
数字化转型的六个要素 / 13
数字化影响传统企业转型的三个维度 / 16
数字化转型的意义 / 19
评判企业是否需要转型的依据 / 22
面临的挑战和应对之道 / 24

第二章 投入：企业数字化转型第一步 / 27
筹划成本预算 / 29
重视数据价值 / 32
建设数字化团队 / 37
升级数字技术 / 40

第三章 执行：企业数字化转型的"三板斧" / 43
　　运营管理：管控业务流程，加强内外协同 / 45
　　组织建设：搭建有机的组织形态 / 48
　　文化培育：沉淀企业数字文化 / 52

第四章 工具：用数字化系统实现高效转型 / 57
　　企业数字化工具概述 / 59
　　数字化工具之间的联系 / 75
　　平台化管理带动数字化工具升级 / 80

第五章 终局：成为数字化转型的领跑者 / 83
　　创建数智化新型企业 / 85
　　把握数字化转型的先机 / 86

下篇　乘势而上：企业数字化转型实践案例

第六章 安信证券：跨空间办公，打造证券行业协同办公新模式 / 91
　　四个阶段塑造证券行业新认知 / 93
　　安信方法论："五个一"规划 / 94
　　解决四大痛点，实现生态赋能 / 99

目 录

第七章　临港集团：打造智慧园区，产业园的数字发展新路径　/ 103
　　战略驱动数字化管理　/ 105
　　协同大脑，赋能智慧园区　/ 106
　　把握机遇，加快智慧园区建设　/ 108

第八章　中国长城：全国产化 OA 系统助推网信产业腾飞　/ 113
　　网信产业的重要一员　/ 115
　　数字化系统升级　/ 116
　　数字化办公平台的四大价值　/ 119

第九章　京博集团：中台战略助力 500 强企业数字化转型　/ 121
　　企业发展与数字化战略　/ 123
　　"四中台战略"的提出　/ 124
　　数字化办公平台的诞生　/ 127
　　其他数字化成果　/ 128

第十章　万华化学：开创"万华模式"，打响化工转型"第一枪"　/ 131
　　统筹管理难题　/ 133
　　打造"万华模式"　/ 134
　　多重数字化助发展　/ 139

第十一章　越秀地产：布局智慧办公，OA 系统助力地产企业向智能化迈进　/ 143

　　　　　经营模式与行业痛点的推动　/ 145

　　　　　"两擎双翼"数字化战略　/ 149

　　　　　OA 系统与数字化平台　/ 151

　　　　　关于自动化与深度学习的思考　/155

　　　　　打造线上生产平台　/ 157

第十二章　中交四航院：构筑数字化体系，赋能智慧院所新发展　/ 161

　　　　　知识化、数字化　/ 163

　　　　　多领域、多阶段开展港口数字化应用研究　/ 165

　　　　　"十库一平台"，赋予高质量发展新动能　/ 170

第十三章　TCL：搭建智慧工厂，开启制造型企业的全球化之路　/ 173

　　　　　走在时代前沿的中国品牌　/ 175

　　　　　"三步走"应对危机　/ 177

　　　　　数字化转型十大成果　/ 183

　　　　　从中国走向世界　/ 189

第十四章　四川大学：打造智慧平台，赋能智慧校园建设　/ 193

　　　　　数字时代的高校建设　/ 195

　　　　　智慧办公进校园　/ 198

　　　　　档案信息化　/ 199

　　　　　智慧校园的价值体现　/ 201

上篇 PART 1

顺势而为：开启企业数字化转型

| 第一章 |

认知：数字化重塑一切

> **导语** 历史的车轮滚滚向前，科学技术也在不断革新。日新月异的技术进步，给人类历史带来了一系列不可思议的奇点。我们曾经熟悉的一切，都开始变得陌生。如今，我们正逐步进入一个新时代——数字化时代。伴随着人工智能、大数据、区块链、物联网、云计算等数字技术的快速发展，数字经济发展驶入"快车道"。在数字经济蓬勃发展的大背景下，有些企业顺应时代潮流，主动变革，实现了由内到外的数字化转型；有些企业为形势所迫，在艰难磕碰中勉强完成了自身的数字化转型；还有一部分企业在数字化转型的道路上折戟沉沙，逐渐淡出了人们的视线。那么，到底何为数字化转型？对于企业而言，数字化转型有什么意义？企业又该如何实现数字化转型呢？

数字经济时代的企业转型

数字经济时代，传统业务与数字技术的融合是大势所趋。为了能够跟上时代发展的步伐，许多企业都走上了数字化转型的道路。但是，企业的数字化转型并非顺风顺水。无论是传统制造型企业，还是服务型企业，它们都经历了一个与实际经营情况不断磨合的数字化转型过程。关于企业数字化转型过程的曲折与艰辛，国内某连锁超市的转型过程具有一定的代表性。

国内某连锁超市近年来遭遇了转型困境。该超市是以售卖生鲜为主的连锁超市，在2016年之前，该超市采取的是传统线下经营策略，超市货物的供应、包装和销售都需要大量的人力、物力。伴随着新零售概念的提出，该超市开始积极布局线上渠道。

该超市旗下的某云创科技有限公司（下文简称"某云创科技"），通过打通线下门店和线上App、小程序等多场景渠道，以生鲜食品为核心商品开展经营活动。

然而，被寄予厚望的某云创科技并没有风光多长时间。随着线上零售的兴起，不少巨头纷纷布局生鲜电商，通过低价策略不断给对手施压，同时"鲸吞蚕食"地瓜分线下传统超市的流量和市场份额。某云创科技并没有因为布局了新赛道而立即获利。恰恰相反，行业"价格战"导致其处于不断亏损的状态。

有数据显示，2016—2018 年，某云创科技一直亏损，三年累计亏损超过 13 亿元。迫不得已，该超市壮士断腕，放弃了对某云创科技的高额投入，开始了对线下小型社区门店模式的探索，试图与生鲜电商一较高下。

令人惋惜的是，小型社区门店模式并没有帮助该超市夺回不断被生鲜电商抢占的市场份额。新冠疫情又进一步使该超市的线下门店业务举步维艰。该超市在福州、上海、广州、北京等地的大型超市和小型社区门店不断关门，业绩出现巨大亏损，市值也不断缩水。

与此同时，零售企业的数字化转型在不断提速。作为零售企业的代表，传统连锁超市在新时期不仅要面对线上消费渠道的巨大冲击，还要研究消费者的消费习惯变化，为消费者创造更加良好的购物体验，从而提高超市线下门店的经营效率。

在数字化经营趋势和现实困境的倒逼下，该超市积极谋求转型。2021 年，该超市开始加速布局全渠道数字化业务。该超市投入 7.4 亿元，通过数字化手段，在坪效、人效、品效三个方面实现了 30% 的效率提升。尤其是在人效方面，该超市投入人力、财力、物力，采用店仓融合、智能采购、交易履约等手段，用数字化技术实现降本增效。

该超市还启用了企业自研的全链路零售数字化系统——YHDOS，该系统是一个平台化管理的企业数字化工具。作为该超市数字化转型的重点项目，该系统能够从用工、订货、会员管理、履约等层面，探索企业数字化规范建设的可行性，并在实践中帮助企业实现流程信息化、分析可视化、全面智能化等各项目标，使该超市的全渠道数字化改革逐步落地。

通过该系统，该超市完成了门店考勤线上管理、定编排班、用工数据实时可视的人效提升计划，并在数字化用工、智能订货、库存精细化管理等方面取得突破，大幅提升了企业组织内部的工作效率。

从业绩表现来看，该超市的数字化转型也算颇有成效。2021年，该超市的营业收入为911亿元，其中，线上销售收入为131亿元，线上销售收入同比增长25.6%。

当然，我们也要看到该超市在数字化转型过程中的不足。受新冠疫情和市场竞争的影响，该超市需要不断调整线上线下的销售结构，降低库存，并保住现有市场份额。线下零售的巨大压力和线上平台的亏损，都是该超市在数字化转型过程中面临的挑战。

纵观该超市的数字化转型过程，我们可以清楚地看到：在转型前，该超市以传统线下门店业务为主。转型后，该超市的业务呈现线上线下相结合、多点开花的态势，这正是数字经济时代数字化企业的特征。企业App、线下门店、自有品牌分别对应电商、实体零售、新消费品牌赛道。该超市还研发了企业平台化管理系统，实现了组织架构的数字化。全渠道的数字化转型，为该超市的经营带来了新的可能性，也带来了新的生机。

事实上，在新时期，不仅仅是以零售企业为代表的服务型企业在谋求数字化转型，传统制造型企业也在积极转变自身的经营方式。

"某汽大通"是我国知名的汽车制造企业，其通过业务模式创新和商业模式创新，并凭借全球首创的C2B（Customer to Business）智能制造模式，成为推动行业变革的先行者之一。该汽车制造企业通过在线云服务平台，为C端客户提供全天候的在线定制服务。在该汽车制造企业的线上定制平台上，有上万种个性化方案可供客户选择。在客户确认车型之后，"某汽大通"承诺将在28天之内交付专属座驾。

为了在短时间内为不同需求的客户交付个性化的车辆成品，"某汽大通"立足现有的制造体系，打造了一个智能定制的制造平台，以客户需求为中心升级汽车制造生产线，使生产出来的产品既能满足客户需要，又能保证质量。

在其他方面，"某汽大通"也实现了数字化转型。其通过建设数字平台，打造了一条全数字化的业务链，通过C2B智能制造模式，满足客户的多场景定制需求，从而在更加注重个性化的时代，为企业插上了腾飞的翅膀。

在数字经济时代，企业数字化转型是经济社会发展的必然趋势。那么，究竟什么是企业数字化转型呢？

由于地区、行业、认知水平等方面的差异，不同群体对企业数字化转型的理解不尽相同。总体而言，企业数字化转型是指，企业利用云计算、大数据、物联网、人工智能、区块链等新一代信息技术，激发企业内部的创新潜力，推动企业业务特别是核心业务的转型升级，进而变革企业商业模式或创造一种新的企业商业模式的行为。

企业作为数字经济的主体，要从业务、用户、企业组织架构等方面进行数字化转型，打造数字生态，进而提高企业的经营效率。

数字化转型的三个阶段和金字塔模型

一般而言，企业数字化转型要经历三个阶段，分别是管理数字化阶段、业务数字化阶段和产业数字化阶段。这三个阶段分别有不同的特征。

管理数字化阶段

企业数字化转型初期是管理的转型。管理数字化，即对企业进行数字化管理。首先，利用一定的信息技术将各式各样的企业实体信息转化为相应的二进制代码，导入计算机系统；其次，通过某种计算机语言进行统一处理，将这些信息变成可视化数据；最后，通过技术量化手段对企业的构成要素和行为进行管理，实现从生产研发到销售服务的全流程数字化转型。

在管理数字化阶段之前，企业没有数字化的数据信息，也没有与外部的数据联系，基本处于数据孤岛状态。因此，在管理数字化阶段，企业主要针对企业内部的人力、物力、财力等内部资源，通过数字化技术与工具，提升管理效率，降低管理成本。在具体实践过程中，企业主要考虑的是对业务流程中的某些环节进行数字化变革，从而提升部门层面的工作效率。在管理数字化阶段，企业有意购买或自研办公自动化系统（OA系统）、供应链管理系统（SCM系统）、产品生命周期管理系统（PLM系统）等数字化工具，并开展相关工作。

业务数字化阶段

业务数字化阶段，企业数字化转型主要聚焦在业务及相关领域，如品牌、渠道、服务等。企业刚开始或已经使用数字技术改造并规范了业务相关流程，为新机会和新价值的产生奠定基础。业务数字化阶段，企业使用的诸如企业资源计划系统（ERP系统）、客户关系管理系统（CRM系统）等，都是针对特定业务的数字化工具。

互联网和通信技术飞速发展。随着移动互联网、产业互联网、物联网的兴起，人们越来越重视移动终端的使用，如智能手机、平板电脑和其他移动终端设备。在业务数字化阶段，企业数字化转型开始扩展到移动终端领域。

移动终端的普及使得企业在业务管理和数据采集方面更加高效和便捷。企业开始尝试使用 SaaS[①] 工具推进企业数字化。企业员工利用移动网络，既可以在移动终端上使用企业数字化工具来管理业务，也可以通过移动终端采集、传输相关的业务

---

① SaaS 是软件即服务（Software as a Service）的简称。

数据。此时的数据类型也不再拘泥于单一的形式，文字、图像、音频、视频等多种形式，使数据更加立体化。

企业业务流程的数字化，加快了企业内部各业务链条的信息流转速度。企业资源计划系统、仓库管理系统（WMS系统）、供应链管理系统等数字化工具，让企业内部的业务管理更加规范和高效，企业内部不同部门的数据逐渐被打通。

需要注意的是，直接面对消费者的行业，在进行业务数字化的同时，还需要注重消费者运营与服务的数字化，以便实现面向消费者的价值链的转型。

产业数字化阶段

完成企业内部的管理数字化与业务数字化后，企业数字化转型就要进入产业数字化阶段。产业数字化的大背景是消费互联网正在加速转向产业互联网，"人、财、物、事"的数字化程度不断提升，并朝着企业内外一体、产业上下游协同的方向不断发展。

产业数字化的核心是生态在线和数据业务化。产业数字化要求企业与客户、供应商、经销商等生态成员在一个平台上协同，共同提升供给的品质与效率，满足用户深层次的个性化需求，带动消费与产业升级；同时，产业数字化能够帮助企业洞察用户心智与消费变化，发现新的产业与企业增长机会，实现业务优化与商业创新。

金字塔模型

在进行数字化转型时，企业还需要从四个层面实现升级，保证数字化转型能够自上而下顺利地推行。企业数字化转型的金字塔模型，如图1-1所示。

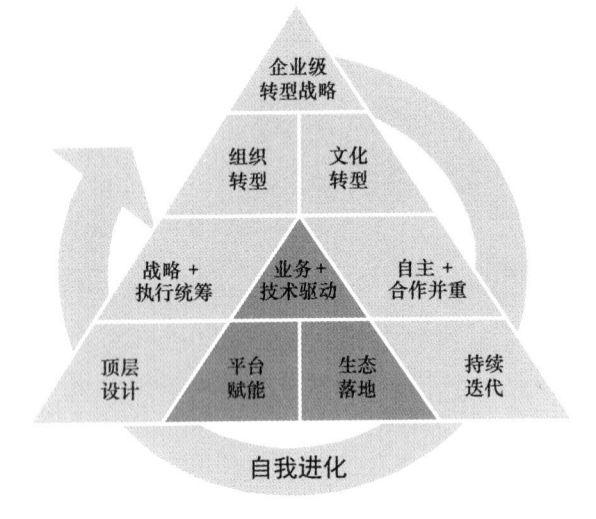

图1-1 企业数字化转型的金字塔模型

在战略层面，企业要坚持1个企业级转型战略，即把数字化转型确定为企业级战略，立足全局进行谋划；在组织层面，企业要创造2个保障条件，一是通过组织转型激发组织活力，二是通过文化转型营造转型氛围；在统筹层面，要贯彻3个核心原则，即"战略+执行统筹""业务+技术驱动""自主+合作并重"，将核心原则贯穿企业数字化转型全过程，保证转型始终处在正确的轨道上；而在执行层面，企业要推进顶层设计、平台赋能、生态落地、持续迭代等 4 个关键行动，通过这些关键行动控制企业数字化转型的关键过程。

企业数字化转型是机遇与风险并存的，其中的风险不仅来自对数字化技术与模式的试错成本，还来自企业内部的阻力。总体而言，企业数字化转型是机遇大于风险的。我们相信，只要有一个造福社会的目标，企业就能够在数字化转型的道路上越走越远。

数字化转型的六个要素

在企业数字化转型的过程中，企业需要把握六个核心要素，分别是数字化战略、数字化组织、数字化文化、数字化管理、数字化人才、数字化工具。这六大核心要素都有哪些特征呢？接下来，我们将一一阐述。

第一，数字化战略。战略是一家企业经营的核心策略与目标愿景，企业战略决定了企业的发展方向，换句话说，企业战略决定了企业是否要进军某一领域。企业的数字化战略，是企业在数字化转型过程中的罗盘。企业制定数字化战略，不仅仅是为企业中的某个特殊群体解决问题，还应该基于提高效率的考虑，为企业的商业行为提供更多的可能性，创造更多的价值。

第二，数字化组织。企业数字化转型需要考虑数字化组织的建设。成为一个数字化组织是数字经济时代企业的必然结果。那么企业应该如何将自己打造成数字化组织呢？首先，我们需要明白数字化组织所具有的一个突出特性就是灵活性，即数字化组织能够随着数字技术和行业环境的变化而发生改变，所以，企业在建设数字化组织时需要优先考虑组织的灵活性。其次，企业需要建立数字化组织模型。在建立数字化组织模型时，企业需要考虑企业的战略、业务、应用场景、技术等方面的因素，可以从企业的数据、制度、标准、信息、管理等方面入手，建立相关模型。总之，数字化组织要根据市场变化进行动态调整，借助市场的力量构建数字化的企业组织。

第三，数字化文化。如果企业数字化转型缺乏相应的文化土壤，那么在实际的转型过程中，通常会遇到很多困难。企业应该如何培养自身的数字化文化呢？首先，企业不能"闭门造车"，而是要以客户为中心，满足客户的需求，这样才能发现客户需求，找到市场。其次，企业要制定相关部门的考核标准，在企业的预算、绩效管理和激励体系等方面体现企业文化。最后，企业要加强员工的凝聚力，倡导合作，通过合作建立正反馈机制，并对取得成果的团队或个人给予嘉奖，让大部分企业员工认同数字化转型。

第四，数字化管理。企业利用计算机、通信、网络等方面的技术，对企业的业务数据进行科学的量化管理，使企业在研发创新、生产制造、销售与售后服务等方面实现规范化和高效化。企业的数字化管理是一个循序渐进的过程。在组织相关人员进行数字化管理时，企业不能"病急乱投医"，而是需要明确自身的真实需求，这样才能做好数字化管理工作。

第五，数字化人才。"人"是企业在数字化转型过程中最重要的因素。受人才的数字化观念、能力和动机影响，不同人才在企业数字化转型中的重要程度也不相同。培养企业人才的数字化能力，能够帮助人才快速熟悉数字化工具，提高人才的工作效率，使人才更好地契合企业数字化转型的要求。企业获得数字化人才的方式，除了内部培养，还可以从外部引进，但外部引进这种方式可能在某种程度上难以契合企业可持续性发展的要求。

第六，数字化工具。数字化工具是企业数字化转型必须具备的要素，也是企业数字化升级的载体。企业要根据自身发展现状、所处行业的数字化程度和其他相关属性，选择相应的数字化工具。对于中小企业和初创企业而言，SaaS 和 PaaS[①] 工具的性价比较高，如办公自动化系统、供应链管理系统、企业资源计划系统、客户关系管理系统、产品生命周期管理系统等工具；对于数字化已经发展到一定程度的中大型企业而言，它们更在意企业内部各个业务链条的整合，因此，它们需要在原有的数字化工具基础上，建立一个集成的数字化中台。

在企业数字化转型过程中，数字化战略、数字化组织、数字化文化、数字化管理、数字化人才、数字化工具是经营者不可忽略的六大要素，重视并利用好这些要素，能够使企业数字化转型更加顺利。

---

① PaaS 是平台即服务（Platform as a Service）的简称。

数字化影响传统企业转型的三个维度

企业数字化对传统企业的转型有着巨大的推动作用,这在商业模式、运营效率和用户体验等方面表现得尤为突出。

推动商业模式创新

数字化转型的结果是企业重构自身的商业模式,以满足企业新的业务需求。在数字经济时代,大数据作为一种全新的企业资产和生产要素,正驱动着商业模式的变革。

大数据具有共享便利、流通成本更低、为业务流程赋能等特点。大数据的使用,提高了企业的经济效益。数据的共享加快了信息在不同企业间的流通,从而使企业降低经营成本,进而推动新的商业模式的出现。

在新时代,数据成为新的生产要素,企业对数据进行集成、存储、处理、分析,使企业能够在生产和决策过程中更加高效和智能。

数字化转型使企业实现经营价值的方式逐步向以消费端为导向的生产模式靠拢。商品从生产,到销售,再到售后,全流程的数字化使企业具备了精准捕捉市场动态的能力,企业生产模式由规模生产向规模定制转变。在这一过程中,企业不断升级产品和服务,满足用户需求,实现企业经营效率的提升。

要想实现对企业商业模式的变革,企业不仅需要有足够多的行业资源，还需要有强大的数字化能力。因此，企业若想要通过数字化转型推动商业模式的创新或变革，还需考量自身的资源和能力。

提高传统企业的运营效率

数字化赋予了企业快速创造价值的能力，有利于提升企业运营管理的效率，使企业能够更加快速地做出决策。那么，通过数字化转型提高传统企业的运营效率主要体现在哪些方面呢？

在运营管理方面，企业由人为管理变成自动化、智能化、工具化管理。如何理解这种转变？其一，在执行效果上，数字化系统量化了管理标准，使执行的效率和有效性得到了极大的提升；其二，数字化运营模式高效、智能，减少了人的失误和隐患，让每一项业务都走审批流程，有效地避免了过去"因为领导一句话就通过审批"的责权不明状态。通过数字化运营，管理者能够从全局角度掌握企业经营状况，更好地调度各种资源。

在内部控制方面，数字化工具中的内部控制系统，能够对企业的数据中台进行实时监控，在确保企业系统高效运作的同时，保障数据和信息安全。

以零售企业为例。零售企业的经营管理涉及生产、仓储、物流、销售、售后服务等各个环节，这些环节环环相扣，互相影响。在销售环节，企业利用数字化系统的客户画像分析工具，就能更加精准、快速地找到目标客户。比如，以前谈10个客户，最终可能只有2个客户成交，但现在通过数字化工具，10个客户中可能有8个能够成交，销售环节的效率得到了极大的提升。

不仅是在销售环节，企业还可以利用数字化工具，在流量环节，获取更多的客户；在生产环节，加快产品的生产速度；在售后服务环节，让客户更满意，等等。如果每一个环节的效率都能有所提升，那么整个企业的效率将获得大幅提升。换句话说，企业可以通过数字化转型，为企业员工和各个业务环节赋能，从而最大限度地提升企业效率。

提升传统企业的用户体验

用户体验是用户在使用产品过程中建立起来的一种主观感受。在一个成熟的市场中，如果竞争激烈，供大于求的现象普遍存在，那么，消费者就会更加关注用户体验。

当消费者需要产品或服务时，相应的产品或服务立刻出现在消费者的面前，这是一种优质的用户体验。而数字化的产品和服务能够有效提升用户体验。例如，在过去，如果我们去超市购物、去菜市场买菜，都需要备足现金用来支付，而现在，我们只需出示付款二维码或使用数字人民币，就可以轻松买单。又比如，顺丰快递利用大数据集成技术和物联网技术，满足了客户实时查看运输进度的需求,为客户提供了高质量的物流服务,从而赢得了客户的青睐。

利用数字化工具提升用户体验,能够大幅降低企业的获客成本,提高客户的忠诚度。那么,企业要如何利用数字化工具来提升用户体验呢?

第一步,企业将用户放在数字化工具设计的核心位置;第二步,企业要使用数据,让企业与客户的互动更便捷、更高效;第三步,企业员工要充分了解能够提升用户体验的数字化工具,并能够站在用户的角度看问题;第四步,企业要积极与用户沟通,让用户参与产品测试;第五步,企业要经常做市场调研,留意市场发展的趋势。

数字技术对企业的影响是巨大的。企业要开拓思路,从多方面促进企业的数字化转型,进而促进企业在经营思维和战略路径上的转型。

数字化转型的意义

企业数字化转型是企业利用数字技术,对自身进行多维度、全方位改造的过程。对于企业而言,为什么要进行数字化转型?其转型的意义是什么呢?

关于数字化转型的意义,站在不同角度,我们可以得出不同的结论。

对企业所有者和经营者而言,数字化转型能够提升企业的核心竞争力，助推企业发展；对企业技术部门而言，数字化转型能够提升技术部门在企业中的地位，提升技术部门的作用；对企业业务部门而言，数字化转型则可以使业务流程规范化、业务办理高效化，进而提升业绩；而对企业人事部门而言，数字化转型能够降低人力成本，提升"人效"。

以上都是站在个人或企业某个部门的角度，对企业数字化转型意义的阐述。对整个企业而言，数字化转型的意义则更为宏观。

首先，数字化转型能够使企业以数据为驱动力，赋能企业的全价值链。

企业数字化建设能够完善企业的数据应用体系，强化企业内外部数据的采集、存储、分析、应用等功能，实现企业数据在信息系统、移动终端、自动化设备、员工、现有客户与潜在客户之间的实时流通。

在未来，商品的交易将会全面数字化，互联网将取代许多线下场景，成为主流的商业渠道。而数据将通过这些渠道，对企业的经营进行全方位赋能，从而在产品的研发和生产、市场销售和服务、企业的经营和管理等方面，为企业科学决策提供支持。

其次，数字化转型能够优化企业内部的人机协同管理，助推企业向智能化方向发展。

人工智能是数字时代的重要产物。在企业数字化转型过程中，人工智能能够替代一部分体力劳动和基础的脑力劳动。通过对企业员工经验的学习，人工智能不仅能够在企业信息的分析、交流、决策和执行等方面，帮助企业获得更好的发展，也能够在研发创新、产品生产、市场销售、售后服务以及全流程管理等方面，帮助企业获得重构企业业务模式的能力。利用人工智能，企业可以制定人机协同的企业管理制度，从而助推企业向智能化方向发展。

再次，数字化转型能够优化企业的资源配置，帮助企业构建新的核心竞争力。

企业成长的过程也是资源配置不断优化的过程。利用数字化平台的力量，企业可以加快数字化、智能化技术的应用，实现组织向阿米巴模式转变、业务向敏捷化转变、运营向中台化转变、管理向服务化转变、创新向制度化转变的目标。

在数字化转型过程中，企业可以利用大数据合理调配企业内部资源，并通过智能化的分析、决策、执行和管理，持续进行动态调度。这种灵活的企业经营模式有利于构建企业的核心竞争力，从而吸引更多的客户。

最后，数字化转型能够重建行业生态，帮助企业实现可持续发展。

一方面，企业数字化中台的建设，能够使企业摆脱"信息孤岛"的困境，获取更多的行业信息，与合作伙伴、客户乃至竞争对手共同构建行业生态。此时，企业的资产将不单单局限于实体资产，虚拟资产的比重将大幅增加，资产类型的多样化使得企业的抗风险能力得到加强。另一方面，利用大数据和人工智能，企业的创新能力、管理能力和资源调配能力都得到了大幅提升，这些能力的提升也拓宽了企业的"护城河"，使企业能够得到长足发展。

数字化转型还能够推动企业内部创新并重塑企业的商业模式，从而为企业经营带来新的机遇。

评判企业是否需要转型的依据

改造业务流程能够提高企业效率，使企业得到更好的发展。但在此之前，企业应如何判断自身是否需要进行数字化转型呢？我们认为，企业可以从以下四个方面进行评判。

第一，考察企业所处环境是否符合转型的要求。当前，科技发展日新月异，云计算、移动互联网、物联网以及人工智能等技术的发展，令整个社会大环境发生了巨大的变化，消费者的消费形式更加新颖，也更多元。在这种环境下，企业若要生存、发展，必须顺势而为，学会用数字化新技术和新工具，实现与各类社会资源的连接。若当前环境还不具备数字化转型的条件，例如数字化市场还未成熟，即便已经具备成熟的数字技术，企业也不能贸然进行数字化转型。

第二，看行业的数字技术是否已经成熟。数字技术的发展、完善和成熟，是企业进行数字化转型的基本前提。因为，数字技术为企业的数字化转型提供了方向和实施基础。即便是数字化基础较为薄弱的企业，也能够结合现有的数字技术、手段和工具，逐步实现数字化转型。不同行业的数字技术会存在一定差异，在数字化转型初期，企业可以使用通用的技术手段和可赋能的技术机制。待企业数字化发展到一定阶段，再选择更有针对性的数字技术，进一步提升企业的效率。

第三，观察市场是否进入了消费升级的阶段。消费者消费需求的升级，将使数据产生新的应用价值。譬如，在未来，消费者将更加注重商品的精神需求属性，他们更愿意为优质的产品体验、场景、情感和服务买单。如何将商品的内在属性进行数字化整合，是企业在数字化转型过程中需要考虑的问题。随着直播带货、电商平台营销的兴起，消费模式也在迅速发生改变。企业需要时刻留意这些消费模式的转变，让企业对新时代的消费者有更加深入的理解。面对消费需求的升级，企业可以适时进行数字化转型，利用大数据、物联网和其他数字技术，打造数字经济时代下的新商业模式。

第四，看企业本身是否进入了发展瓶颈期。当一家企业面临行业天花板，或遭遇突如其来的市场风向的转变时，其将不可避免地进入发展瓶颈期。如何突破企业本身的发展瓶颈，通过创新变革实现新的增长，则是企业在发展瓶颈期需要考虑的问题。俗话说，"变则通，通则存"。若企业主动寻求数字化转型，通过数字化转型找到新的发展路径和商业模式，利用数字化工具提升业务办理、工作对接的效率，那么企业突破发展瓶颈的可能性会大大提高。通过数字化转型，企业能够明确业务方向，在新时期有更强的适应能力。因此，企业要精准把握数字化转型的时机，在合适的情况下全力推行数字化转型，助力企业的升级。

那么，企业数字化转型的时机应该如何把握呢？

我们必须明白一点：数字化转型不必非等到万事俱备的时候才进行。借一个形象的比喻来说，如果非要等菜都做好了，再来煮米饭，那么等饭煮好了，菜就凉了。

企业要把握数字化转型的几个时间点。第一个时间点是企业面临危机、走投无路的时候；第二个时间点是企业发展的巅峰期，有充足资源做数字化转型的时候；最后一个时间点是企业在某一方面（如人才、业务、组织等）进行数字化转型的尝试取得了初步成效的时候。

面临的挑战和应对之道

我国企业数字化转型逐步成熟，在部分企业取得数字化转型成效的同时，我们也需要看见其中的挑战。目前企业进行数字化转型都面临哪些挑战呢？

首先，许多企业在制定数字化转型策略时，缺乏明确的战略意图和转型方向，导致企业数字化转型动机不明、定位不准、方向不清。

其次，流程烦琐、系统老旧、管理制度落后等问题会阻碍数字化新技术、新思维、新工具和新方法的推行。

最后，企业数字化转型涉及企业所有的部门业务和流程，需要持续投入资源，一旦某项资源跟不上，企业就难以深化数字化转型，企业数字化转型的效果也会大打折扣。

对于在数字化转型中面临的挑战，企业可以从自身情况出发，在转型前做足准备，在转型中从容应对，并不断进行复盘和改进。

具体而言，企业要做好以下几点。一是制定数字化转型的战略，基于企业核心业务，明确数字化转型的愿景和顶层战略；二是做好数据重构，对企业的无形资产进行量化处理；三是重视过程与用户体验，收集员工、客户的数字化信息，并在数字化转型的过程中坚持"客户至上"的理念；四是量化企业管理和运作流程，用具体的数值指标代替现有的主观管理标准；五是支持多元价值的发展观，兼收并蓄，利用不同相关方的优势，促进企业的多元化、数字化发展；六是重视数字化人才的培养，用人才助力企业数字化转型。

在企业的数字化转型过程中，不同类型的企业所面临的困难不尽相同，在实际的转型过程中，企业也需要投入相应的资源。如何做好数字化转型，是对企业的一种考验，企业不仅要审慎地对待，更要从容、自信地应对。

| 第二章 |

投入：企业数字化转型第一步

> **导语** 正所谓"工欲善其事，必先利其器"。数字化转型是企业在数字经济时代的发展加速器，企业需要投入相应资源来支持自身做数字化转型项目。总体来说，数字化转型周期长、见效慢，需要企业在成本、数据、人才和技术等方面提供持续的支持。

筹划成本预算

企业在数字化转型过程中，遇到的首要问题是企业资金预算问题。

对于企业而言，数字化转型是一项长期的、复杂的系统工程，企业需要在软硬件采购、网络运维、人才培养等方面，源源不断地投入时间成本和资金成本。此外，在数字化转型的过程中，如果企业觉得数字化工具或者新的商业模式无法更好地促进企业发展，那么企业就需要对数字化转型策略进行相应调整，增加预算。换言之，数字化转型不仅仅是对企业应对环境变化的能力的考验，更是对企业是否拥有深厚"家底"的检验。

俗话说，"好钢用在刀刃上"，企业数字化转型的预算不能成为一笔"糊涂账"。因此，企业在做数字化转型前，需要本着降本增效的目的，做好数字化转型的详细规划，控制好每一步的成本预算，这样才能高效地完成企业的数字化转型升级。

在筹划数字化转型资金预算之前，我们需要明白企业数字化转型在哪些方面需要花费预算资金。一般而言，企业数字化转型需要在软件、硬件、网络、人力以及时间方面投入资源，如图 2-1 所示。

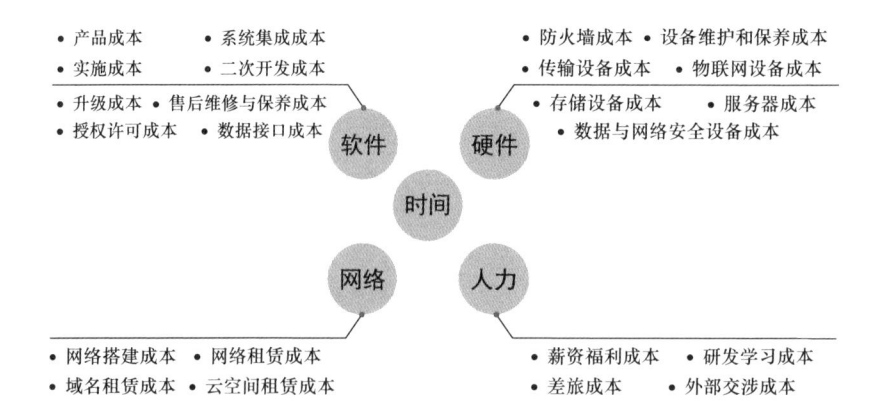

```
• 产品成本    • 系统集成成本              • 防火墙成本   • 设备维护和保养成本
• 实施成本    • 二次开发成本              • 传输设备成本  • 物联网设备成本
• 升级成本  • 售后维修与保养成本           • 存储设备成本        • 服务器成本
• 授权许可成本  • 数据接口成本             • 数据与网络安全设备成本
                    软件        硬件
                         时间
                    网络        人力
• 网络搭建成本  • 网络租赁成本              • 薪资福利成本   • 研发学习成本
• 域名租赁成本  • 云空间租赁成本             • 差旅成本     • 外部交涉成本
```

图 2-1 做企业数字化转型成本预算需考虑的 5 个方面

第一，软件成本。企业在软件方面的预算可谓种类繁多，有些预算是必需的，比如定制专属数字化应用所花费的资金等。同时，如果按照软件种类、服务强度等不同维度进行划分，不同软件的预算也有所差异。一款标准版企业数字化软件所产生的预算成本涵盖了产品成本、实施成本、升级成本、售后维修与保养成本、系统集成成本、数据接口成本、二次开发成本、授权许可成本等。一般而言，软件模块越多、企业业务需求越多、企业人数越多，预算成本也越高。

第二，硬件成本。硬件是软件运行的载体，是企业实现数字化转型的物质基础。一套完整的企业硬件设备应包括服务器、传输设备、存储设备、防火墙、数据与网络安全设备、物联网设备等。服务器为企业数字化工具的运行提供虚拟环境，传输设备用于信息的传导和交互，存储设备用于企业数据的存储、备份和共享，而防火墙能够保障企业数据的安全，物联网设备则用来建设企业物联网系统。除了以上硬件设备的购置、租赁成本，硬件设备也需要定期维护和保养，这也需要额外的成本。

第三，网络成本。网络成本是企业在数字化转型过程中不可忽略的成本。稳定的网络环境是确保企业数字化工具高效运行的必备前提，因此，企业需要购买或租赁相应的设备，如路由器、交换机等，这些也需要花费一定的成本。

第四，人力成本。企业的数字化转型升级，离不开专业的技术和管理团队，而团队的支出无外乎以下这几个方面：一是团队管理人员和IT技术人员的薪资、福利，这是一项基本支出，保障员工的基本生活；二是数字化研发、学习的支出，如购置相关研发材料、技术课程和开发软件等；三是员工的差旅支出；四是与外部人员交涉所产生的支出等。

企业的CIO（首席信息官）需要及时跟进数字化人员队伍的建设。在企业数字化人员队伍建设方面，企业要吸收并培养技术优良、管理能力突出、协作性和服务意识强的人员组建数字化团队，这样才能在企业数字化建设方面减少摩擦和阻碍，降低人力成本。

第五，时间成本。尽管企业的数字化转型是一个持续且较为漫长的过程，但企业也不能在一个细节问题上耗费过多的时间和精力，这样会在无形中消耗企业的资源，给企业利益造成损害。企业只有高效执行数字化转型过程中的每一个决策，在遇到问题时积极寻找解决方法，才能提升数字化转型的效率。

总而言之，企业经营者需要明白：由于数字化转型过程漫长且充满艰险，在短期内难见成效，因此经营者要抱着"打持久战"的心态做企业数字化转型，坚持长期主义，以发展的眼光来看待和执行企业数字化转型。在成本预算方面，经营者一是要舍得花钱，要投入一定比例的资金，确保企业数字化转型工作正常、稳定开展；二是要合理规划预算，平衡各方面的成本投入，在选取数字化产品时要"货比三家"，协调企业财务部门、信息部门和其他相关部门，有序推进数字化转型的相关事项，最终实现降本增效。

重视数据价值

数据是企业数字化转型的必备要素。在数字化转型过程中，企业需要先将企业资产数字化，再将数字化资产价值化。这就需要格外重视企业数据。那么企业应该如何在数字化转型的过程中做好数据管理呢？

在数字化转型过程中，企业要实现对数据的标准化、规范化、可视化管理。为此，企业需要对具有战略意义的数据进行采集、整理、加工、分析和开发利用，使零散的、缺乏关联的数据变为智能的、数字化的信息。

那么，企业要如何在各类繁杂的企业信息中采集、整理出有战略价值的量化数据呢？我们可以对不同类型的企业数据进行分类处理。企业数据分类如表 2-1 所示。

表 2-1　四种主流的企业数据分类

分类依据	类型名称	说明
存储属性	数据库数据	指企业在数据库中存储的数据
	文件数据	指在计算机中以文件或文件夹形式存储的数据，一般为半结构化数据或非结构化数据，如电子文档、视频、音频、图片等
	流数据	指在企业内部或企业间流通的数据，一般在流通过后会自行消失，不会长时间存储
统计属性	实体数据	指对各类物理事物进行客观描述的数据
	交易数据	指与商业交易行为有关的数据，一般涉及财权、物权或者责任的转移
	行为数据	指描述实体行为的数据，例如用户行为数据等
	统计结果数据	指描述统计结果的数据
场域属性	企业内部数据	指企业内部的数据
	外部环境数据	指与企业有关的外部数据
流程属性	决策和规划数据	指与决策和规划有关的数据
	生产数据	指与生产有关的数据，例如出入库数据
	采购数据	指与采购有关的数据
	物流数据	指与物流有关的数据，例如商品的物流订单号、货运单号等

续表

分类依据	类型名称	说明
流程属性	营销数据	指与营销相关的数据，例如产品折扣数据、产品销售数据等
	服务数据	指与服务相关的数据，例如商品退换率、客户投诉率等

数据的数字化对企业增效大有裨益。在数字化转型过程中，企业要以数据为驱动力，将场景智能化。具体而言，企业可以通过对服务、生产和管理的数字化，增强企业的数据技术。

服务数据数字化

如何将企业的服务数字化呢？服务是针对客户而言的。首先，我们可以培养客户的数字化习惯。譬如，让客户在购物时用数字化工具支付；在出行时用数字化工具选择交通方式，智能安排行程和交通工具；等等。企业可以先将客户数字化活动的场景设想出来，然后再结合客户的行为数据，确定企业的数字化服务流程和工具。

企业要在与客户接触的过程中采集客户行为数据，形成客户画像。而在与客户接触的数字端点上，企业则要想方设法将数据技术运用到对客户行为数据的采集过程中。企业通过不断地采集、整理和分析数据，得出不同类型客户的需求和喜好，加深对客户行为的数据化认知，从而为客户提供更加人性化、更为精准的服务。

另外,目前企业客户习惯于数字化的交易流程,企业可以考虑运用交易数据技术,使用户在交易的过程中,获得更好的服务和用户体验。

生产数据数字化

企业生产数字化的根本目的是提高生产效率,降低生产过程中的损耗和成本,实现利润最大化。那么,企业要如何利用数据技术,来实现生产数据数字化呢?

传统实体企业的生产流程多由人工操作和管理,因此,除了生产技术、原料等方面的数据,人工操作生产流程的数据也需要通过技术手段实现数字化,实现可通过数字化工具操作生产的目标。

在此过程中,企业需要技术团队运用云计算、人工智能、大数据、物联网等技术,结合生产实际,基于企业大量繁杂的工业生产数据,研发数字化技术。从生产计划,到仓库库存,再到产品销售以及门店库存情况,企业要根据相关的数据信息进行产品的生产,实现从虚拟数据到实际生产的转化。

以美的为例,在新冠疫情防控期间,客户"跳单"或"变单"现象十分普遍,仍旧沿用传统的生产计划流程,不仅容易出错,生产出许多无法交货的产品,还会降低生产效率。对此,美的建立了智能化决策系统,并运用大数据技术的智能预测功能，帮助企业实现了降本增效、高效生产的目标。

管理数据数字化

企业的管理效率体现了企业的执行力。如何使企业管理目标得到有效的执行呢？企业可以通过整合企业内外部数据，利用数字化的数据技术量化企业管理，洞悉企业真实的管理情境。企业可以从两个方面入手：一是优化管理流程；二是升级智能决策体系。

如何优化管理流程呢？首先，企业要对内外部数据进行系统化整合，找出不同领域的企业数据指标，如财务领域的数据指标主要是利润和收入，服务领域的数据指标包括客户满意度和客户投诉率，等等；其次，量化企业数据指标，使运营管理人员能够更加直观地了解企业运营状况，更好地分析和比较企业自身的优势和不足；最后，整合企业整体的数据指标，使指标标准化，让这些标准化的指标成为可以应用于整个企业的通用指标，从而更好地衡量企业的经营效率。

指标标准化是数据体系化的基础。有了标准，数据就能够成为企业的决策依据。此时，企业就可以通过数字化手段，运用人工智能和大数据等技术，做出相关的技术决策，提高管理的效率，实现智能决策的效果。

每一项管理活动都需要企业投入相应成本，因此用于评估这些管理活动的指标都需要进行量化。譬如，评估员工的行为、工作量、投入产出比的指标，都需要进行数据量化。

管理的数字化不仅要使数据指标化、决策智能化，还要使管理更加敏捷高效、决策的反应速度更快、基层的执行和推进流程更加顺畅。为此，企业不仅要尝试变革组织形式，使组织形式适应高效顺畅的数字化管理要求，还要在数据连接和中台的建设上下功夫，让数字化流程工具与企业组织形式相匹配。

发展企业数据技术不能一蹴而就，企业数据技术的成熟也不是企业数字化转型的终点。企业需要洞察行业价值链中，上、中、下游各类数据分类，量化服务、生产和管理等方面的数据，促进企业组织转型，努力提高企业的运营效率。

建设数字化团队

企业的数字化转型，需要专业的数字化团队进行策划、设计、论证、执行、调整和复盘。那么企业应该如何建设专业的数字化团队呢？数字化团队的分工又是怎样的呢？

既然要建设数字化团队，我们必须先明白，不同的工作需要匹配不同的人才。大多数传统企业并没有专门负责企业技术改造的部门或团队，若要增加一个团队来做数字化转型的技术，则需要考虑诸如成本、资源、竞争者等因素。因此，企业首先需要明确建设数字化团队的流程。

第一步，收集信息。企业需要收集企业内部员工和外部专家关于建设数字化团队的建议。譬如，企业到底是要成立一个大的部门，还是组建一个数字化业务小组去做数字化工作。企业可以通过建议栏或意见箱等形式，让员工提出自己的想法。

第二步，组建团队。在收集到足够多的建议之后，企业便可以从企业内部挑选合适的管理人员、咨询人员、技术人员和宣传人员，把他们作为数字化转型的专门人才。若企业缺乏某类数字化人才，则可以考虑从外部引进。一般而言，企业数字化团队需要以下几类人才，如表2-2所示。

表2-2　企业数字化团队需要的八类人才

序号	人才类型	说明
1	项目经理	项目经理是企业数字化转型项目的策划设计者和主要负责人，负责把控项目进度、分配项目预算、统筹项目工作和人员。项目经理需要实时关注数字化转型的进展，制定项目推进表，并定期向公司上级汇报工作进展
2	技术专家	技术专家主要是指能够熟练运用数字化的应用程序、服务和产品的工程师，负责对整个数字化项目框架进行策划、设计等。选取合适的技术专家是项目成功的关键
3	技术人员	技术人员就是执行数字化转型项目的IT员工，其工作重心是将数字技术运用到实际工作中。这意味着技术人员需要有能力理解数字技术的运作原理，知道如何将这些技术应用到企业的生产、业务过程中。同时，他们需要有能力管理数字化转型项目，确保项目的顺利进行，并解决项目中出现的问题，以确保数字化转型项目的成功
4	法律和安全顾问	数字化转型涉及许多高、精、尖技术和新兴领域，其中，对于与企业安全和法律有关的知识，并不是每一位员工都有深入了解的。因此，为了维护企业安全、避免相关的法律风险，数字化团队至少有一位法律和安全顾问

续表

序号	人才类型	说明
5	业务相关人员	企业的数字化转型务必要与企业的主营业务相结合，这样才能让企业的数字化转型为企业带来最大的效益。因此，在一个成熟的数字化团队中，对企业业务模式有深入了解的员工是必不可少的。他们要经常联络企业的销售、营销、产品研发、客服部门，了解业务信息，以便根据最新的业务模式为技术人员提供相关数据，并针对企业在数字化转型过程中遇到的问题提供解决方案
6	营销人员	技术人员通常无法了解数字化转型是否对客户有效，因此需要相关营销人员为他们提供反馈和建议。营销人员需要深入了解企业业务的全貌，并将掌握的信息，特别是客户和员工的反馈，传递给数字化团队中的技术人员
7	投资者以及利益相关者	投资者以及利益相关者需要看到企业数字化转型项目能够取得何种成效，并据此为项目提供相应的预算。他们的身份通常是企业内部的董事会成员、高管或外部投资者等
8	宣传人员	宣传人员主要从事项目推广和宣传工作，扩大数字化团队在企业内部和外部的影响力。例如，在媒体平台发布项目进展、取得的成果，形式可以是文章、视频和线下活动等

以上八类人才是一个数字化团队的基础。在实际情况中，不同的企业还需要根据自己所处的行业和市场定位，再引入不同类型的人才。

确定数字化团队所需要的人才类型后，企业需要确定数字化团队的人数。一般而言，企业数字化团队的人数控制在15～20人较为合理，具体要看企业的规模和数字化转型的复杂程度。

第三步，明确团队目标。企业要从各利益相关方的期望和企业想要达成的最终目标出发，明确数字化团队各阶段的短期目标和最终目标。然后，由企业负责人确认、批准数字化团队的目标和计划。

第四步，定期复盘。企业组建好数字化团队之后，要定期进行复盘，确认数字化团队阶段目标和最终目标的完成情况，并根据实际情况做出相应的调整。与此同时，要建立相应的考核机制，对数字化转型目标的完成情况进行考核。

此外，还有一点值得注意，就是数字化团队不仅要不断提升专业能力，还要营造良好的团队氛围，增强团队凝聚力，营造对企业转型具有积极作用的文化环境。

升级数字技术

企业数字化转型离不开数字技术的支撑，换句话说，数字技术是企业实现数字化转型的基础。目前比较热门的数字技术有移动通信技术、大数据技术、人工智能技术、云计算技术、区块链技术与物联网技术等。要想实现数字化转型，企业必须对这些热门的数字技术有所了解。

一是移动通信技术。伴随着移动通信技术的发展，线上业务越来越普及。如今，企业的研发、生产、销售、宣传、财务核算、决策、售后服务等工作，都可以在移动互联网上进行。

二是大数据技术。大数据技术是一种能够从庞杂信息中快速获得有价值信息的数据技术。适用于大数据的技术包括大规模并行处理（MPP）数据库、数据挖掘、分布式文件系统、分布式数据库、云计算平台、互联网和可扩展的存储系统。企业可以依托大数据技术，掌握企业生产、供应、销售，乃至企业内部决策等环节所产生的数据和信息，并加以利用，赋能企业业务，提升企业的运营效率。

三是人工智能技术。作为计算机科学的一个分支，人工智能以创造同人类智能相似的智能机器为目标。人工智能领域的研究包括机器人、语言识别、图像识别、自然语言处理和专家系统等。在人工智能技术的助推下，企业能够加快布局智能自动化领域。利用深度学习技术，企业可以有效管理业务。此外，结合大数据和云计算技术，企业可以更好地对产品、服务和商业模式进行创新，进一步提高企业的竞争力和市场地位。人工智能还能够代替一部分人的工作，包括体力劳动和简单的脑力劳动，从而提高企业人效比。

四是云计算技术。云计算是一种分布式计算技术，通过由无数子程序组成的庞大计算机网络来处理程序、计算和搜索计算结果，并将结果提供给用户。云计算技术可以大幅提升企业处理业务的能力和效率。

五是区块链技术。区块链技术的特征是去中心化，在一个开放的网络中随时随地记录信息，且信息对每一个参与者公开，难以篡改。区块链技术正在影响行业规则的制定，推动行业不断创新。企业通过区块链技术，能够掌握行业乃至整个社会中最新和最先进的知识，推动企业内部不断革新，使企业在金融、财务、管理、生产、服务等诸多环节实现多元化创新。

六是物联网技术。把实体物品通过射频识别等信息传感设备与互联网连接的技术被称为物联网技术。物联网建立在计算机互联网的基础之上,与射频识别(RFID)技术、无线数据通信技术密切相关。人们在日常生活中经常使用的智能可穿戴设备(如智能手环)、智能家电、智能网联汽车等,通过连接互联网,形成物联网系统。企业可通过物联网系统实现智能生产、企业内部的资源共享、员工和业务的线上管理等,从而实现企业数字化升级。

推进数字技术与企业的深度融合,有利于企业管理向智能化、精细化转变。因此,企业必须利用数字技术,在数字经济时代把握新的发展机遇,让数字技术成为企业数字化转型的加速器。

| 第三章 |

执行：企业数字化转型的"三板斧"

> **导语** 企业在进行数字化转型时，往往都会设立一个远大目标，但实施起来常常不那么顺利。有研究显示，企业数字化转型的成功概率仅为20%左右，而传统制造型企业数字化转型的成功概率更低。归根结底，企业在数字化转型道路上的最大障碍，是企业自身缺乏成功转型的经验，不清楚数字化转型具体应该如何做。一旦偏离了正确的方向，采取了错误的方式，则不可避免地会增加成本，消耗企业资源。为此，我们将在本章中介绍企业数字化转型的"三板斧"，包括运营管理、组织建设和文化培育三个方面，使企业在数字化转型的过程中能够把握重点，抓住数字化转型的主要矛盾，顺利实现数字化转型。

运营管理：管控业务流程，加强内外协同

当前，数字技术开始逐步取代传统企业的单一技术，成为当代企业运营管理的核心竞争力。如何将数字技术融入企业的日常运营管理工作中，推动企业创新商业模式和产业形态，是企业数字化转型的重要议题。那么，企业应该如何实现数字化的运营管理呢？

我们可以将企业数字化运营管理分为两个方面：一是管控业务流程，创新以数据为基础的管理模式，用数字化工具监管各个业务流程；二是加强企业内外部协同，推进数字化协同管理模式的建设，实现企业的多场景数字化运营。接下来，我们将对这两个方面进行详细阐述。

管控业务流程

业务流程的畅通是企业高效运营的基本前提。如何保证业务流程的畅通呢？业务流程的畅通来源于对业务数据分析的准确性以及处理事情的针对性。为此，企业要以数据为基础，优化数字化工具的业务模块，实现业务流程的创新。

第一步，沉淀业务数据。

当我们在谈论企业的业务数据时，往往都会涉及业务数据

的流程属性^①和场域数据^②。而传统企业的业务流程，往往很难及时融入这些数据，这不仅导致实际的业务流程与标准的流程模式有不匹配的地方，还会影响企业后续对业务流程的分析和优化。

因此，企业首先要做的是对数据进行加工处理、分析并具象化地呈现出来，再进行智能化的利用，我们把这个过程叫作数据沉淀。数据沉淀的基础是企业拥有大量与业务高度相关的数据。

沉淀企业数据主要有三种方式：一是在采集数据时，遵循"由点到面"的原则，先整合企业业务中最重要的数据，再系统性地采集并整合企业的全量数据；二是按照业务流程，实现流程数据的全流程整合；三是以融通共享的方式，加快各类业务数据的传递速度，为业务流程的线上化、智能化管理奠定基础。

通过以上这些方式，对业务数据进行智能化、系统化的整合，能够推动业务流程的改进，甚至重新定义业务模式。

第二步，管控并优化线上业务的流程。

---

① 业务数据的流程属性是指数据所反映的业务流程的特征和规律，包括数据来源和去向、数据格式和结构、数据流动和控制，以及数据关联和交互。它可以帮助企业更好地理解和优化业务流程，提高业务效率和质量，也为数据分析和应用提供了基础和前提。

② 场域数据通常指特定领域或行业内的数据，反映该领域或该行业的业务特征和规律。这些数据与企业的业务和运营密切相关，可以帮助企业了解市场趋势、顾客需求、产品表现等方面的信息，并支持企业的决策制定和业务优化。例如，在零售行业，场域数据可能包括商品销售数据、顾客消费行为数据、库存数据等；在金融行业，场域数据可能包括股票市场数据、财务报表数据、客户信用评估数据等。

在对企业业务数据进行沉淀之后，企业要构建线上业务流程，并有针对性地优化流程中不顺畅的节点，以提高业务效率。具体而言，企业可以从生产管理、销售管理、采购管理、财务管理、办公自动化管理等方面对业务流程实施智能管控，节省人工管理成本。此外，对业务流程实施智能管控不仅避免了业务线下管理不顺畅、流程冗长、效率低下等问题，还消除了"人治"的不确定性和主观性影响，使业务风险也能够有所降低。

第三步，构建业务流程综合治理平台。

对线上业务实行初步的流程管控之后，企业要逐步构建一个业务流程综合治理平台。该平台在设计、制定、投入运用、优化反馈等方面，都要形成一个可视化、可控制、可管理的闭环。在构建此平台的过程中，有两个要点需要注意：一是业务要以客户需求为核心，流程管理规范要体现"为客户创造价值"的理念；二是要搭建流程管理的监控系统，利用大数据、云计算和人工智能，判断业务流程管理的合理性和有效性。

加强企业内外部协同

从形式上看，当下的企业转型基本为数字化转型。数据智能和网络协同共生，使企业的运作和管理逐步演变为"协同作战"。企业如何协同发展，是企业在数字化转型时亟须思考的问题。

为此，企业可以从以下两个方面展开行动。

一方面，企业要完善企业内部的数字化基础设施，加强企业内部的协同。变革企业内部的管理模式和经营模式，是企业数字化转型的重要任务。在第二章中，我们在谈数字化的成本预算时，提到了企业数字化基础设施有硬件设施、软件设施、网络设施等。完善这些基础设施，能够推动企业内部管理模式和经营模式的数字化变革，使企业通过数字化工具连成一个整体。在这个整体中，数字化管理平台是窗口和中介，在企业员工和客户之间传递信息，帮助企业实现企业内部的协同发展。

另一方面，企业要加强外部合作，协同企业外部资源，布局数字化业务。数字化的协同管理，不仅能够转变企业组织内部的管理模式和工作方式，也能够提高企业员工的工作效率，还能打通企业外部的产业价值链，使企业突破传统的业务类型，与原材料端、市场端以及价值链相关端企业进行深入合作，打造创意设计、数字营销、智能制造等新场景，构建全新的业务类型，达到企业内外部"协同作战"的目的。

运营管理是数字化转型的"第一板斧"，企业要在业务流程方面下功夫，并加强企业内外部协同，推动构建企业数字化转型生态，源源不断地释放数字化转型的创新动力。

组织建设：搭建有机的组织形态

数字化转型的"第二板斧"是组织建设。数字化转型给企业带来的不仅仅是运营管理效率的提升，还有企业组织的重塑和革新。在第二章中，我们介绍了企业数字化转型需要建设数字化团队。需要指出的是，组织建设和企业数字化团队建设有所区别。企业数字化团队建设主要指的是企业数字化人才的挖掘和培养。而组织建设不仅对数字化人才有要求，还对企业组织架构、人才队伍结构进行规范和约束，用符合数字化发展的企业价值观来引导人才队伍的建设，明确不同岗位的职能，使组织成为一个有机的整体，让企业在数字化转型的过程中保持活力、欣欣向荣。

那么，企业应该如何建设数字化组织呢？

首先，企业要在战略层面提出数字化转型的方案，并以此作为构建数字化组织的依据。

战略决定组织，而组织决定成败。企业的战略部署决定了企业为哪些客户创造价值，用什么样的方式去创造价值，以及制定什么样的愿景、使命、价值观。企业以战略为基础，安排相关的工作内容和岗位。有了岗位，企业就将职能相近或相关的岗位安排在一起，形成部门。与此同时，逐步形成约束部门员工的制度规范以及激励员工进步的企业文化。一个企业组织就初步成型了。

从战略层面制定数字化转型的方案，可以通过四个步骤实现，如图 3-1 所示。

① ⇨ 制定企业业务总体规划

② ⇨ 确定企业的愿景、使命、价值观和战略目标

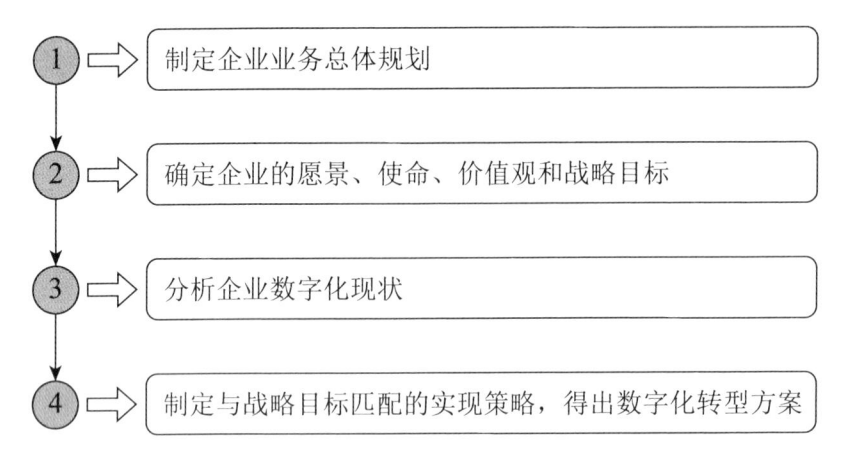

③ ⇨ 分析企业数字化现状

④ ⇨ 制定与战略目标匹配的实现策略，得出数字化转型方案

图 3-1 制定数字化转型方案的四个步骤

其次，在确定了企业战略之后，企业就要搭建相应的组织结构。组织的存在是为了更好地实施企业战略。为了适应变幻莫测的市场，企业的数字化转型战略必须是灵活的，这也决定了组织需要具备敏捷性和适应性。为此，企业需要建立一个边界感更弱、结构更加扁平化的组织，赋予组织的基层员工更大的自主决策权。这有点类似于日本"经营之圣"稻盛和夫创立的"阿米巴模式"，让组织一线的每一个员工都能成为主角，主动参与企业经营，这样的组织更有活力和竞争力。

与传统认知相反的是，"金字塔式"的组织结构会降低一个企业在数字化时代的运转效率，阻碍各层级信息的传递，企业的行为模式也会更加僵化，不利于创新思维的产生。扩大一线员工的决策权，是让更多企业员工产生好点子的有效手段。

除此之外，数字化组织必须是一个有机组织，它能够为员

工学习提供便利，帮助员工实现个人成长。当组织里的每个员工都能够成为信息的连接点时，组织获取和传递信息的能力就变强了，组织也可以变成共生型组织。

"现代管理学之父"彼得·德鲁克认为，有了目标，企业才能确定每个人的工作，所以，企业必须将使命和任务转化为目标。数字化组织光有人还不够，必须把不同的人才有机地嵌套在组织架构中。换句话说，就是把每个人都放在最合适的位置上，这样才能最大限度地发挥人才在组织中的作用，从而实现降本增效。

伴随着信息化、数字化技术的出现，组织结构和组织运作方式发生了巨大改变，一些全新形态的组织已经出现，未来组织的主要形式如表3-1所示。

表3-1 未来组织的主要形式

序号	名称	说明
1	平台型组织	通过减少纵向层级、跨越横向职能约束，拉伸组织，对流程进行再造，将"串联"改为"并联"，激活个体；引进共享机制，共享越多，裂变越多，平台可能会变成大的"云台"；每个小微主、创客在平台支持下直接面对客户，将创意变成客户价值
2	网络式组织	网络式组织是去中心化的。每个节点都是资源接口，都能与外界资源进行动态连接。这些节点既独立，又交叉，每个节点都处于无序和有序、受控和失控之间

续表

序号	名称	说明
3	有机式组织	有机式组织的特点是松散、灵活、透明,具有高度适应性和自我演进能力。因为不具有标准化的工作规则和条例,所以,有机组织的结构较为松散,常常能根据需要迅速做出调整。有机组织常见于基于共同的价值观或兴趣爱好而组织起来的群体,如粉丝群、圈子、虚拟社区等
4	生态型组织	为应对不断变化的市场环境,组织边界不断拓展,员工、客户、伙伴、供应商等与组织的关系愈加紧密,生态型组织将成为主流。生态型组织以生态共创共赢为目标,通过人工智能、大数据、云计算、物联网等新技术,提高对经营环境与市场需求变化的自适应能力

组织变革是一场持续进化之旅。一方面,企业要进行观念升级,接受并适应组织形式的转变;另一方面,企业需要整合应用新技术,使数字化工作落地。

文化培育:沉淀企业数字文化

为什么说培育数字文化是企业数字化建设的"第三板斧"呢？

据统计,当今有80%的企业在数字化转型的过程中失败了,究其原因,很多企业为了数字化而数字化,没有在数字化转型的过程中考虑企业的实际情况。有些企业为了转变商业模式,忽视了已有的企业文化;有些企业为了"降本增效",忽略企业员工的根本需求;等等。这些因素,直接或间接导致了企业转型的失败。

为此，企业在数字化转型的过程中，要更加注重数字化战略与企业文化的匹配，制定更加人性化的转型策略，用数字文化推动企业的数字化转型。

具体而言，企业可以遵循以下三点要求来建设企业数字文化。

重视人的价值

人是一家企业最重要的资产。正如亚马逊创始人贝索斯所言："用什么样的人，企业就会变成什么样。"为此，企业在数字化转型的过程中，要以人为本，从员工价值的角度制定相关的运营制度和管理制度。

如何建设以人为本的企业数字文化呢？我们认为，企业可以从企业团队、员工个人和激励政策三个方面下功夫。

首先，企业可以通过数字化中台系统，打造一支数字化团队，让团队内部员工做出步调一致、高效的行动，打造具有凝聚力的组织文化。

其次，企业要培养并赋能员工。员工是企业的宝贵资源，是将抽象的战略付诸实施的执行者。企业只有重视员工发展，才能使其在企业的数字化转型过程中发挥建设性作用，企业才能实现长足发展。除了培养员工的数字化能力，企业还要赋予员工"协同"能力，营造公平、和谐的企业氛围。

最后，企业需要激励员工，措施包括塑造使组织各个成员之间协同作战、向上管理、自我管理的企业文化以及建立奖罚并举的激励机制，让员工在执行数字化项目时能够有动力。

营造包容开放、协同共进的企业文化氛围

一家企业能够顺利实现数字化转型、成功蜕变，与企业本身敢于冒险的精神是密不可分的。数字化转型涉及业务模式、组织架构等方面的变革，存在一定的风险。若企业从一开始就"畏手畏脚"，迈不开步伐，就会失去很多机会。因此，企业要营造敢于冒险创新的氛围，鼓励员工进行冒险性尝试，对工作制度、技术规范、业务模式表达不同意见。

有冒险就有失败的风险，企业还要有容忍失误的文化。企业要容忍数字化策略的失误、执行数字项目时的失误、员工的失误等等。经历过失误，企业能获得数字化转型的经验，从长远来看，也可以减少数字化转型的阻力。

企业的包容性文化，还能让企业与更多的外部企业建立联系。传统企业会因为缺乏信息而感受不到数字化转型带来的行业巨变。只有与不同领域的企业建立合作关系，协同共进，悦纳不同类型企业的价值观，企业才能获取更多的外界信息，更具活力和生机。

投入文化建设的配套资源

企业的文化建设，主要涉及以下几个方面的投入。

第一，企业在精神层面的投入。比如，建立企业的愿景、使命、价值观，明确企业经营的理念、宗旨和哲学，制定企业的规章、制度、条例，组织企业的年度文化活动，等等。

第二，企业在物质层面的投入。比如，创造数字化的生产资料和产品，打造数字化的企业环境，引进一整套数字化设备，等等。

第三，企业可以打造数字文化墙和员工喜闻乐见的其他文化实体，使员工在工作中能够切实感受到企业的数字化气息。

第四，企业可以设置一些激励员工参与数字文化活动的奖励，使员工在参与数字化转型的过程中更有主动性和积极性。

有数据显示，重视文化建设的企业，数字化转型的成功率超过90%，而忽视文化建设的企业，成功率不到20%。在建设企业数字文化的过程中，管理层要起带头作用，主动带领员工开展文化建设活动，用自身行动号召全体员工重视企业数字化转型。在微软，企业管理层非常重视基层员工的参与感，每个月都会通过线上直播或者线下面谈等形式，抽出时间与员工互动，帮助全体员工了解、感知企业的数字化转型。

在安信证券，公司成立了以董事长为总负责人的数字化转型领导小组和工作小组，确保数字化转型工作的顺利推进。在明确数字化转型战略的基础上，公司发布《安信证券数字化转型白皮书》，同时积极开展各项金融科技文化活动，如安信证券金融科技文化节等，并开展旨在征集数字化转型合理化建议的相关活动，增进公司员工对数字化转型的理解，鼓励公司全体员工积极参与数字化转型。这一系列动作有助于推动数字科技与业务高度融合，进而提升业务价值。

微软和安信证券的案例说明，企业管理者主动带领员工进行数字文化建设，能够促进数字文化的落地，最终实现数字文化的沉淀。

| 第四章 |

工具：用数字化系统实现高效转型

> **导语** 数字化工具是企业数字化转型的载体。企业只有依托高效、智能、便捷的数字化工具，才能使数字化转型卓有成效。换言之，企业数字化转型能否成功，取决于企业是否使用了合适的数字化工具。在数字化转型的过程中，企业要根据所处行业的特点和自身发展的现状，选择合适的数字化工具。那么，企业数字化转型的工具有哪些？它们之间有何联系？企业在运用这些数字化工具的时候又该注意哪些问题呢？

企业数字化工具概述

从信息时代到数字时代，企业完成了商业模式和管理方式的转变，实现了生产效率的飞跃。在此过程中，企业的数字化转型离不开数字化工具的运用，各种各样的数字化工具已然成为数字经济时代企业成长的加速器。

企业数字化工具的含义较为宽泛。广义的数字化工具，囊括了所有数字化应用及服务。这些数字化应用及服务，可以运用于从工业生产到智能办公、渠道集成等诸多领域，不仅能够帮助企业拓展上下游渠道，还可以提升生产、管理、办公、销售、服务等环节的效率。

接下来，我们详细介绍几种企业常用的数字化工具，帮助大家了解它们的概念及作用。

办公自动化系统（OA 系统）

OA 系统是将企业办公与数字化设备、网络相结合的办公系统，它能够集成企业内各个部门和员工的信息，实现信息共享，提高组织内部的沟通效率。OA 系统通过办公活动的科学化和自动化，大幅度提高了处理业务的效率，并通过线上办公、辅助决策等方式，提升了办公质量，减少了管理差错，缩短了办公周期，帮助企业实现高效办公。

OA系统面向的是企业的日常管理运作，是目前企业员工和管理者使用频率最高的数字化工具。自20世纪80年代国内首次引进OA系统以来，OA系统在我国企业中的影响力迅速扩大。总体来说，OA系统的主要作用是对企业信息进行采集、加工、传输和保存。

一个较为完善的OA系统通常包含4项基本功能，如表4-1所示。

表4-1 OA系统的4项基本功能

序号	功能	说明
1	基础办公	包含企业通知、公告文件的起草、审核、发布、全员提醒、浏览回复、搜索等功能。此外，还支持添加附件、在线浏览和下载等功能
2	流程管理	对企业现有工作模式进行体系化梳理和规范化管理，如日常办公审批流程的线上化整改，文件的收发与保存。具体流程包括工作汇报、出差申请、采购、报销、请假等
3	组织协作	包括部门间协作以及跨地域的分公司协作。通过OA系统，企业内部人员能够共享信息和资源，实现跨时空的组织协作
4	人事管理	一般OA系统都会集成人事档案管理模块，记录员工相关信息，如员工的入职、升职、离职等情况，同时还会建立相应的人才信息库等

除了表4-1中的基本功能，OA系统还有企业的多维度管理、信息跟踪、资产管理、对接企业其他数字化系统等功能。

具体而言，企业可以依托OA系统的各项功能，打造移动端办公、邮件管理、即时通信、公告管理、新闻发布、工作计划、文件管理、会议管理、人事管理、培训管理、工作流程管理、网络会议、财务报销、固定资产管理、日程安排、企业投票等子模块，为企业的业务工作安排及流程管理提供数字化解决方案。

针对不同企业，OA 系统的功能也是不同的。我们可以将 OA 系统分为事务型 OA 系统、管理型 OA 系统和决策型 OA 系统三类。

事务型 OA 系统能够满足企业最基本的办公需求，如各种办公文字处理、日程安排、文件管理、人事管理、邮件管理等。

管理型 OA 系统则比事务型 OA 系统更高级，除了支持各类基础办公需求，还能够对这些办公活动进行必要的控制和监管。

决策型 OA 系统则更为智能，它利用企业数据构建了一套智能决策模型，能够发挥辅助企业经营者和管理者决策的作用。

尽管 OA 系统的类型和功能繁多，但它的功能并不是一成不变的。随着平台化时代的到来，如今的 OA 系统厂商已经可以针对不同企业的实际情况，定制不同功能的 OA 系统，使之更好地助力企业发展。

与此同时，我们也需要看到，发轫于信息化时代的传统 OA 系统，以服务企业内部员工为主。从文档型 OA 系统、流程型 OA 系统、平台型 OA 系统，向数字化 OA 系统与智能化 OA 系统进化时，依靠局部修补与优化，远远跟不上产业互联网时代组织数字化转型与升级的步伐。

在数字化时代，生态 OA 系统是 OA 系统的发展新方向。

生态 OA 系统由"办公协同+生态协同"双轮驱动，匹配行业内领先的微服务架构，与传统 OA 系统相比，拥有更强的 IT 能力和更大的服务范围。此外，生态 OA 系统面向员工、客户、供应商、离职员工、粉丝、意见领袖等众多生态成员，拥有快速连接互联网企业服务与智能硬件的能力。在未来，生态 OA 系统将为构建企业的新组织形态和新商业模式提供创新动能，激发企业活力，提升企业效能。

知识管理系统（KM 系统）

知识管理系统是对企业海量的方案、策划、制度、成果以及经验等知识数据进行存储、积累、共享和管理的工具。知识管理系统的作用是收集、组织、存储和分享企业内部的各种知识资源（如企业制度、业务经验、策划方案等），以及不同格式的数据知识（如图片、文档、音频、视频等）。它服务的对象是企业全体员工。

作为一个对企业知识进行管理的数字化工具，知识管理系统的重要性不言而喻。总体而言，知识管理系统对企业有以下几个方面的作用。

第一，知识管理系统能够积累企业无形资产，使知识资产化，促进知识类资源的再利用和创新，提高资源利用率，增强企业核心竞争力。

第二，知识管理系统能够规范企业知识管理，企业知识库的建立使企业知识形成了完整、规范的体系，实现了企业知识的统一化、规范化，提高企业的管理效率。

第三，知识管理系统使丰富的企业经验以数据的形式得以保存，再通过人工智能为企业赋能，提高企业的决策水平和管理水平。

第四，知识管理系统能够使员工共享企业知识，帮助员工更好、更快地成长，构建"学习型组织"。

国内外的数字化工具服务商都十分重视知识管理系统。国外做知识管理系统的代表服务商有IBM、微软等公司，国内有深圳市蓝凌软件股份有限公司（简称"蓝凌"）等。在未来，知识管理系统将是一家有竞争力的企业必不可少的数字化工具。

客户关系管理系统（CRM系统）

客户关系管理（CRM）是辨识、获取、保持和增加"能够带来利润的客户"的理论、实践和技术手段的总称。客户关系管理系统，主要指利用数字化设备、技术和网络，对企业的销售情况、市场营销情况、客户情况及服务情况进行分析的数字化工具。

客户关系管理系统旨在了解客户，通过提高客户黏性、选择高价值客户、管理客户关系，从而帮助企业拓展业务渠道、占据新市场、增加收入。可以说，客户关系管理是企业的一种商业策略，与市场营销密切相关。

客户关系管理系统通常分为 4 大模块，分别是客户管理、营销管理、销售管理、客户服务。通过这 4 大模块，企业能够有效记录客户信息，跟踪并分析客户消费倾向，形成具象化的客户画像，并与营销手段结合以获取新的客户。

作为一种较为新颖的企业数字化工具，客户关系管理系统以客户为中心，通过提供更快捷和周到的服务，来吸引更多的优质客户，改善企业与客户的关系，使企业的市场营销、销售管理、客户服务等流程实现智能化和数字化，让客户资源得到有效利用。可以说，客户关系管理系统是数字经济时代企业运营管理的一大利器。

合同全生命周期管理系统（CLM 系统）

合同全生命周期管理系统是一个贯穿合同起草、审批、归档、履约、变更、数据分析等环节的全流程管理系统，它是合同从电子化升级到数据化、智能化的解决方案。

合同管理是贯穿商业意图、合同磋商、起草审查、签订、履行、终止以及争议解决的全生命周期管理，合同起草只是其中一个重要环节而已。传统的合同管理是由流程驱动的，大多数企业只重视合同的起草和履约，对合同的管理也仅局限于审批管理。新型的合同管理是由业务和数据驱动的，通过合同数据来打通企业各条业务线的大多数事务。

蓝凌是国内合同全生命周期管理专业服务商，我们提供的智慧合同管理平台，能指导企业统一合同分类、管理规则，让合同文本、关键条款、评审等更为标准化。产品不仅支持合同全生命周期管理，还能深入业务，推动业财法税全面融合，实现端到端业务协作，实现业务效率、质量双提升。

企业资源计划系统（ERP 系统）

企业资源计划系统是以数字化设备和技术为基础，以系统化、全局化的管理思维，为企业决策提供运行手段的管理系统。

企业资源计划系统的核心是供应链管理。它主要针对企业的物资流、人才流、财务流和信息流，对企业资源进行集成整合。具体而言，企业资源计划系统能够对各种生产因素进行统合计划、管理，从供应链的角度优化企业的资源配置。企业资源计划系统对企业业务流程的优化和企业竞争力的提高有促进作用。

企业资源计划系统是一个较为系统化的数字化工具，具有高度集成的特点。在企业资源计划系统中，生产资料数据在企业内部高度共享。财务计划、物资计划和人力资源计划是企业资源计划系统的核心模块。企业可以按照"以销定产"的思路，利用企业资源计划系统合理分配企业的人、财、物等资源，实现按需采购、按量生产、按时交付，降低企业的生产管理成本。因此，企业资源计划系统是制造型企业实现数字化管理的核心工具。

物料需求计划系统（MRP 系统）

物料需求计划系统关注的是企业的物资，包括各种原材料、生产零部件和成品。物料需求计划系统会根据产品的特征、属性和需要生产的数量等情况，对产品从计划开始到完成的整个过程做出合理安排。

物料需求计划系统最初是被用来管理制造型企业的库存信息的，也是大名鼎鼎的企业资源计划系统的前身。如今，物料需求计划系统成了企业资源计划系统的重要组成部分。物料需求计划系统能够与财务系统、营销系统及企业其他系统连接，实现企业内部资源和信息的协同。

供应链管理系统（SCM 系统）

供应链管理系统是一个全链条管理系统，用于管理从产品生产到发货、从供应商到顾客的整个供应链过程。

供应链管理系统通过对企业供应链的上、中、下游各环节的管控，实现各环节的无缝连接，减少中间摩擦，使企业的供应链成为集物资流、信息流、资金流、单证流于一体的高效利益链。在链条中，每个环节的信息都能在企业内部共享，减少决策阻力和执行阻力。

供应链管理系统是在企业资源计划系统的基础上发展而来的。供应链管理系统主要通过对企业制造系统、仓储系统和供应商系统的整合，形成一个整合供应链信息的决策及执行系统。市场上主流的供应链管理系统服务商主要提供 4 种产品服务：供应链网络设计、供应链计划、供应链执行和供应链数据整合。供应链管理系统可以降低企业的产品成本，提高产品价值，从而帮助企业获得竞争优势。供应链管理系统的主要客户是制造型企业。

产品生命周期管理系统（PLM 系统）

产品生命周期管理系统是一套管理产品设计、生产、销售、售后的工具。产品生命周期管理系统的主要模块有文件管理、研发流程管理、研发项目管理、产品性能管理、物料清单管理等。除此之外，产品生命周期管理系统还针对产品研发、生产需求，推出设计成本管理、设计质量管理、元件管理、配置管理、设计协同、工艺管理、技术规范管理等模块，并通过与企业资源计划系统、制造执行系统的联动，实现产品全生命周期的数据共享与资源配置协同。

由此可见，产品生命周期管理系统的功能是在企业生产产品的全生命周期中，对产品的规划设计、生产运营、支持维护、售后返厂以及循环再利用等流程进行管理和优化。

那么，产品生命周期管理系统有哪些应用场景呢？产品生命周期管理系统不仅能够应用于单个企业内部，还支持跨企业协作，帮助不同企业更好地打造产品、管理产品。并且，产品设计、生产的信息在产品生命周期管理系统中会有详细记录，这能为企业的售后管理提供更加有效、详细的依据。

产品生命周期管理系统能帮助企业在设计、研发、生产、销售、售后等环节实现高效化和数字化，并为产品的研发创新提供助力，有利于提升企业的核心竞争力。

企业资产管理系统（EAM 系统）

众所周知，资产是能给企业带来经济利益的重要资源。企业资产管理系统是对企业资产（这里主要指企业设备等实体资产）的全生命周期进行运营管理的工具，其主要运用于资产密集型企业。

在资产密集型企业当中，研发和生产设备众多，设备的采购、安装、调试、运行和维护都占据相当一部分的企业成本，研发和生产设备是企业核心竞争力的重要组成部分。倘若设备维护不当，就会给企业造成巨大的损失。因此，对企业设备的管理就显得尤为重要。

企业资产管理系统围绕企业设备等实体资产的全生命周期，以提高这些实体资产的利用率、降低它们的维护成本和损耗风险为目的，设置了相应的管理模块，高效管理企业资产，使企业资产的投资回报率达到最大，为企业带来更多的利润。

不仅如此，企业资产管理系统还能够让操作人员学习管理与维护设备资产的相关知识，提升生产人员和管理人员的技能和职业素养，帮助组织培养人才。

在新时期，企业资产管理系统还能够与IT技术更加紧密地结合在一起，从而提高资产的使用效率、运营效率，以及工作人员的专业素养，并使设备资产的维护成本降低，提高企业的生产效率。

订单管理系统（OMS）

订单管理系统是企业处理客户订单的数字化工具。它的工作流程是：接收客户订单信息；调取仓储管理系统的库存信息；配置不同仓储点的产品库存；确定货物交付信息，如时间等。

订单管理系统的核心是订单管理，系统中的其他工作流程皆为其服务。在供应链上，企业各部门互相协调运作，将各模块的信息集中到订单管理模块上，物资的调配统一由订单管理模块执行。结合订单管理系统的智能分析、决策功能，集中调配能够使物流的损失降到最低，提高订单流程运作的效率。可以说，订单管理系统并不只是一个执行订单调配的工具，还是一个管理订单全生命周期的有机"组织"。

供应商关系管理系统（SRM 系统）

供应商关系管理系统是企业管理供应商关系的数字化工具。具体而言，供应商关系管理系统是基于原材料、设备、服务以及其他资源的供应商及其供应关系信息，对供应商的交流信息、资源、合同、业务决策、合作关系等提供全面支持的管理系统。

供应商关系管理系统的作用是帮助企业协调企业与供应商的合作关系，使企业能够与供应商建立持久、牢固的业务联系；同时，供应商关系管理系统能够帮助企业整合企业与供应商的优势资源，实现强强联合、互利共赢的目标。

供应商关系管理系统具有很强的灵活性和针对性，相关技术人员可以根据不同企业的具体情况，利用供应商关系管理系统开发出不同的工作模块。供应商关系管理系统包括三大基本模块，即供应商生命周期管理（supplier lifecycle management）、寻源到采购（sourcing to procurement）、采购到付款（procurement to pay）。供应商关系管理系统涉及的关键技术主要有：数据仓库、数据挖掘、联机分析处理、电子数据交换。

仓库管理系统（WMS）

仓库管理系统是管理仓库的出入库业务、货物的调拨的数字化工具。仓库管理系统能够整合仓库的各类信息，对仓库业务进行全流程管控，并通过与企业财务系统的连接，实现货物统计、成本管理、盈利管理。仓库管理系统能够为企业的货物管理提供支持，其主要功能如表4-2所示。

表 4-2 仓库管理系统的主要功能

序号	功能	说明
1	货物放置	智能规划货物摆放位置，最大限度提高仓库的空间利用率，同时方便拣货人员找货
2	出入库记录	记录仓库内的货物出入情况，并将数据信息连接到上游的企业资源计划系统及下游相关系统，形成信息闭环
3	自动补货	利用智能算法自动补货，确保存货量充足，提升仓储空间的利用率，降低仓库货位蜂窝化现象出现的概率
4	优化拣选方案	系统根据出入库任务进行智能推算和决策，确定最优的拣选路径，提高单位时间内的拣选数量和准确率

仓库管理系统除了管理仓库，还可以和企业资源计划系统、物料需求计划系统、仓库控制系统（WCS）等多种数字化工具对接，帮助企业实现效率的全方位提升。

仓库控制系统（WCS）

顾名思义，仓库控制系统是主要应用于仓库的数字化工具，是自动化仓储系统的重要组成部分。仓库控制系统与仓库管理系统关系密切，从仓库管理系统获取工作任务，再通过自动化机械设备（如机械臂、输送机、堆垛机、穿梭车、智能引导小车等）的运行，处理货物的调度任务，以便以最优的方式完成货物的出入库、登记和仓储。在此过程中，仓库控制系统还会对货物的安全性进行监控，确保作业安全。

仓库控制系统的主要功能如表4-3所示。

表4-3 仓库控制系统的四大功能

序号	功能	说明
1	设备对接	通过对接可编程逻辑控制器（PLC），控制仓库中的自动化设备的升降、抓取、前进、后退等动作，实现货物的自动拣选、分类
2	信息交互	在整个仓库系统中，仓库控制系统与仓库管理系统互通互联，实现仓库内信息的交互共享。在制造型企业中，仓库控制系统还要与制造执行系统、企业资源计划系统进行联动，共同管理企业信息
3	动态监控	仓库控制系统可谓仓库的"监控器"，它能实时、准确地获取自动化仓库内各种设备的状态和任务执行情况。此外，仓库控制系统通常内置三维监控系统，能够立体展示自动化仓库现场的状况，以便工作人员发现问题
4	安全预警	自动化仓库通常没有或仅有很少的工作人员，此时，仓库要格外注意安全，如消防安全等。因此，仓库控制系统在设计时，就十分重视设备安全、产品安全等问题，其具有对危险情况做出预警和自动化处理的能力

制造执行系统（MES）

制造执行系统是一套面向制造型企业车间执行层的数字化工具。它的主要功能包括：管理制造流程中的计划排程、产品数据、生产调度、产品库存、产品质量、人力资源、设备、工具等；对生产成本、生产过程进行监管和控制；对制造数据进行分析，如底层数据的集成分析，上层数据的集成与分解等。

在实际工作中，制造执行系统对接企业资源计划系统的生产计划，然后再基于制造车间的设备、流程、工艺和原材料，进行智能化的资源配置，将这些资源投入生产；与此同时，制造执行系统还能够对产品的生产过程进行溯源、样本数据采集和质量报备，保障整个生产过程稳定、有序。

运输管理系统（TMS）

运输管理系统主要是用来对企业物流进行调度和管理的。在物流网络日趋成熟的当下，运输管理系统的作用越来越大。

运输管理系统的主要功能有物流订单管理、调度分配、车辆管理、车辆定位、驾驶员管理、库存协同等。运输管理系统能够对车辆、驾驶员和行车路线进行智能管理，降低物流成本，提高企业在物流方面的竞争力。

人力资源系统（HR 系统）

人力资源系统是数字化的人事管理工具，主要有两大功能：员工在岗的全生命周期管理、协同员工参与企业管理。

员工在岗的全生命周期管理。从员工的入职、转正，到调岗、离职，人力资源系统能够记录员工在岗期间的主要信息。人力资源系统通过对企业全体员工信息的集成，让企业相关管理者可以调取、查看、分析相关信息；同时，该系统还能智能生成组织架构，自动关联员工的社保、薪资状况，降低人事管理人员的工作强度，提高工作效率。

协同员工参与企业管理。人力资源系统不仅可以助力相关员工管理企业的人事工作，还可以让员工进行自我管理。借助人力资源系统，企业相关管理者可以让新员工了解企业的制度、背景、文化和工作内容，让老员工学习新的企业知识，定期进行员工考核和岗位调整。人力资源系统在提升员工的企业参与感的同时，还可以帮助员工成长，从而增强企业的软实力。

除了以上两大功能，人力资源系统还可以集成人才招聘、员工培训、绩效管理、薪资方案、档案管理、考勤排班、事务审批、人事报表等具体模块，为企业的人事管理提供助力。

项目管理系统（PM 系统）

项目管理系统主要用于解决企业项目在时间、人员、资源等方面的管理问题，为企业制定合理的项目计划、把握项目的进度、设置项目里程碑等提供助力。项目管理系统的主要功能有：项目活动管理，如报价管理、订单管理、合同管理和发票管理；团队协同，如项目参与者的信息共享、合作执行任务等；项目文档管理；数据安全管理；信息溯源；等等。

项目管理系统不仅能够给企业提供项目流程和功能组件，同时也支持企业定制化服务。企业使用项目管理系统，能够提升自身项目的实施效率，提高客户黏性、团队凝聚力和绩效，助推企业的进一步发展。

企业数字化工具的类型不胜枚举。基于各种各样的数字化工具，许多数字化工具生产商开发了针对不同类型企业的定制系统。事实上，企业的数字化工具不是相互独立存在的，它们互相连接，将企业的数字化信息整合成一张实时的信息网。

接下来，我们将介绍几种重要的企业数字化工具之间的关系，帮助大家对这些工具有更加深入的了解。

数字化工具之间的联系

目前，主流的数字化工具主要有 OA 系统、客户关系管理系统、企业资源计划系统等。虽然这些数字化工具的功能、受众群体有所差异，但它们之间存在很强的连接关系，可以将整个企业的线上办公环境连成一个整体。

OA 系统与其他数字化工具的联系

OA 系统是企业办公最常用到的数字化工具，它最直接也最重要的作用是帮助企业提升办公效率。在运用场景上，OA 系统主要运用于企业内部的流程审批和跨部门协作。

OA 系统以组织管理为核心，能够集成企业其他数字化工具的功能。

OA 系统与企业资源计划系统集成，可以实现业务资源与业务流程的整合，对企业的物流、人流、资金流、信息流等进行统一管理，实现企业资源的有效利用、业务流程的监督管理、企业跨部门和跨地区的合作。

OA 系统与知识管理系统集成，能够实现企业知识的共享、建设学习型组织、构建更有竞争力的企业生态等目标。

OA 系统与客户关系管理系统集成，可以让企业更加快速、直接地查看客户画像，更加及时地发现客户需求的变化，从而与客户建立更加紧密的关系。

OA 系统与人力资源系统集成，可以在企业内部共享员工的工作信息，协同员工管理，实现企业高效运作。

OA 系统是一个注重组织管理和过程关联的数字化工具，OA 系统最大的功能是能够打破企业内部的信息壁垒，实现信息和资源的互通共享。企业在引进和升级 OA 系统时，需要考虑其与其他数字化系统的集成问题。

企业资源计划系统与其他数字化工具的联系

企业资源计划系统用于全流程管理，重点在于优化各个业务流程，如采购、库存、生产、财务、运输、分销、人事等。

企业资源计划系统功能强大，且具有很强的包容性，它能够与众多企业数字化工具进行对接，如图4-1所示。

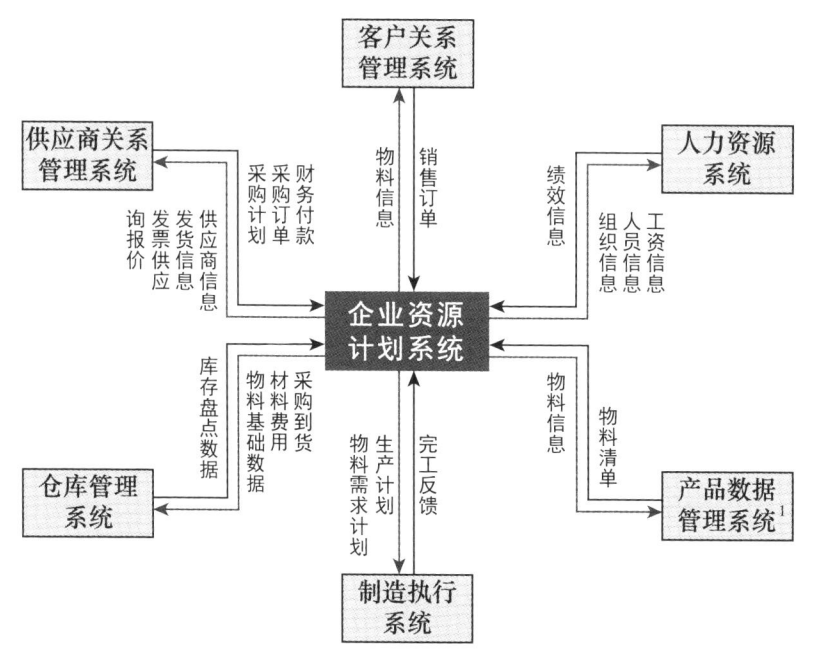

图4-1 企业资源计划系统与其他数字化工具的联系

1 产品数据管理系统是一种专门用于管理产品开发和生命周期中所有数据和信息的软件系统。该系统通过集成不同数据，包括设计、工程、生产、销售和服务等各个环节的数据，为企业提供全面的产品数据管理平台。产品数据管理系统不仅可以对产品设计、工艺流程、物料清单、质量管理等方面的数据进行统一管理，从而保证产品设计和开发的质量和效率，还支持多用户、多部门、多地点的协同工作，提高产品开发团队的协作效率。

企业资源计划系统与客户关系管理系统是相辅相成的。客户关系管理系统专注于销售、营销、客户服务等与客户相关的环节的管理，而企业资源计划系统则能够对企业内部资源实现有效管控。客户关系管理系统以建立和维护客户关系为目的，而企业资源计划系统在满足客户需求、按期交货的基础上，更多地考虑如何降低成本，并通过企业内部运作提高客户服务质量，二者形成销售闭环，共同助力企业的业绩增长。

在现代化的制造型企业中，企业资源计划系统与产品生命周期管理系统密不可分。产品生命周期管理系统管理着产品整个生命周期的信息、流程及技术，而企业资源计划系统管理与制造相关的企业资源，对它们进行统一调度，实现资源合理配置，降低生产成本，提高生产效率。

企业资源计划系统与其他数字化工具也有密切关系。譬如，企业资源计划系统与产品数据管理系统对接，前者为后者提供物料信息，后者为前者提供物料清单，实现信息共享；企业资源计划系统与人力资源系统对接，实现组织、人员、工资、绩效等信息的共享；企业资源计划系统与供应链管理系统对接，能够解决供应链管理者、执行者、受益者等各方立场模糊不清的问题；企业资源计划系统与制造执行系统对接，可以为产品制造提供生产计划、物料需求计划，实现产品的定制化开发等。

客户关系管理系统与其他数字化工具的联系

与其他主流的数字化工具相比,客户关系管理系统的本质是服务客户。客户关系管理系统十分注重市场行情、客户的需求、营销手段和销售成果,以达到提升企业市场竞争力、增加企业利润的目的。因此,我们需要更多地从市场角度考虑客户关系管理系统与其他数字化工具的联系。譬如,客户关系管理系统与产品数据管理系统的对接,能够实现企业的产品数据、产品需求的共享;客户关系管理系统与企业资源计划系统的对接,能够实现销售订单信息和物料信息的共享;等等。客户关系管理系统与其他数字化工具的联系如图 4-2 所示。

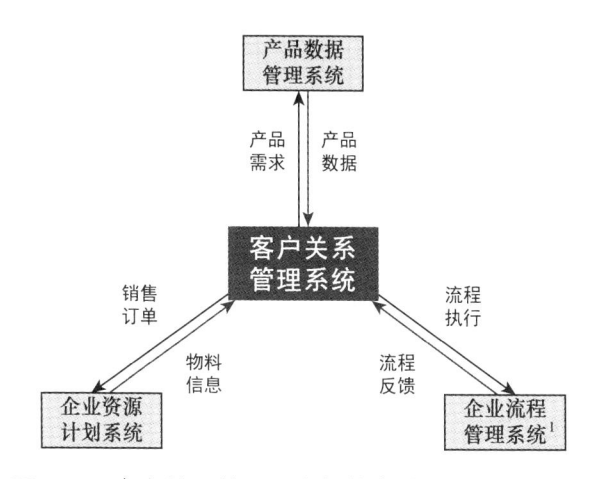

图 4-2 客户关系管理系统与其他数字化工具的联系

1 企业流程管理系统是一种通过技术手段对企业内部各项业务流程进行规范化、优化和自动化的软件系统。该系统既可以分析并优化企业内部的各项业务流程,提高企业业务的效率和质量,也可以自动化处理业务流程中的一些重复、烦琐的任务,减轻员工的工作负担,提高工作效率。

在实际经营过程中，由于企业的规模和所处的发展阶段不同，不同企业对数字化工具的需求也不一样。而 OA 系统、企业资源计划系统、客户关系管理系统三者的功能各有侧重。

一般而言，OA 系统是解决部门内部问题的综合性管理系统，原则上适用于任何类型和规模的企业。但对于有一定规模的单位，比如中大型企业和政府部门，OA 系统发挥作用的空间更大。

客户关系管理系统的主要作用是管理客户关系，因此，比较依赖客户关系的企业，如传统制造型企业、销售型企业、互联网企业、电商企业等，使用客户关系管理系统的效果更好。此外，客户关系管理系统也比较适合以服务专门客户为主要业务的中小型企业。而企业资源计划系统集成的功能模块比 OA 系统、客户关系管理系统更多，实施起来的周期也更长，更适合大型企业。

综上，企业要根据自身需求，选择合适的数字化工具。

平台化管理带动数字化工具升级

从现代企业管理与运营的角度来看，企业如果要保证稳定、高效地输出，就必须配备一套高效、智能化的管理体系及工具。那么，现代企业如何建立一套高效、智能化的管理体系及工具呢？在这里，我们需要引入"平台化"这个概念。

企业的平台化是一个综合性的过程，它依托数字技术和工具，在企业的商业模式、客户体验、运营管理、组织架构及服务体系等方面实现数字化、智能化的创新和转变。

平台化的核心就是组件化。通俗来说，我们要的不是螺丝，而是生产螺丝的模具。一个企业的数字化系统可能包含销售管理系统、计划管理系统、采购管理系统、车间管理系统、仓储管理系统等，平台化就是将这些子系统集成为一个有核心竞争力的集成系统。

很多人认为，平台化只是互联网企业应当做的事情，因为不论从成本角度，还是从市场竞争的角度，平台化的互联网企业能更高效地开展每一项业务，获取行业先机。然而，对于许多传统实体企业而言，平台化运营也是一种新的发展路径。

我国经济结构的调整与转型，迫使许多传统企业开始转变自身的企业结构。传统企业结构的转变，意味着内部运营与外部价值链的变革。传统企业在转型为现代企业的过程中，不仅需要更加高效的企业运作技术和工具支持，还需要一个规模更大的业务生态系统。因此，企业平台化应运而生。

尽管平台化对于各类企业来说有诸多利好，但我们仍需要看清楚其中的一些问题。

在国际上，工业互联网的平台化呈现出 IaaS[①] 寡头垄断，PaaS 以专业性为基础拓展通用性，SaaS 专注于专业纵深的发展态势。

---

① IaaS 是基础设施即服务（Infrastructure as a Service）的简称。

PaaS在专业的基础技术方面的发展稍显不足；而SaaS目前正逐步向工业互联网的细分领域垂直发展，许多中小微型企业亟需SaaS应用的支持，但限于产业赋能有限，SaaS应用尚处于萌芽阶段，其发展潜力尚未完全发挥出来，其价值需要更多力量去探索和发掘。

在国内，企业平台化建设的历史不过数十年，不同企业的数字化水平也不尽相同。例如，大型企业有定制化的应用平台，而许多中小型企业的数字化水平较低，仅使用某几个专门化的应用，有些企业甚至没有相应的应用支持。为此，将企业应用集成为一个相对完整的平台，完善各类规模企业的数字化应用平台建设，仍是我国企业在数字化转型过程中亟待解决的问题。

| 第五章 |

终局：成为数字化转型的领跑者

> **导语** 企业的数字化转型并不是一蹴而就的。从宏观层面来看，国家、行业和技术的发展都会对企业的数字化转型过程产生影响；从微观层面来看，从个人到组织架构，从办公到业务、财务等所有流程都需要进行逐步深入的数字化转型。对于企业而言，数字化转型的终点在哪里？企业究竟要在新时代打造何种生态？企业又该如何把握发展趋势，成为新时代的领跑者呢？

创建数智化新型企业

数智化时代，企业在"人""事""果""感""做""推"等维度的需求发生了巨大的转变。

在"人"方面，企业要从组织内部的员工协同，转变为组织内外一体化的生态协同；在"事"方面，企业要做到从行政办公到业务、财务的全方位数字化；在"果"方面，企业要对全业务流程进行管控，将数据资产作为企业运营的主要动力；在"感"方面，企业要提高员工的参与感，让员工从"被管控""被要求"的状态转变为"被赋能""被取悦"；在"做"方面，企业要通过企业服务、智能硬件、基础 IM 及文档能力，加速实现从自建应用到整合生态应用的转变；而在推广使用方面，企业则要改变过去统筹建设的做法，用更普惠、更敏捷的低代码工具激发企业的数字化创新动力，实现企业办公从信息化向数字化的转变。

为了推动企业数智化可持续建设，企业需要全新的数字化基座来承载。数智化办公专家蓝凌推出 MK 数智化工作平台，集合了组织管理、门户管理、业务流程管理、低代码等 PaaS 能力和办公协同、业务协同等应用，助力企业从办公到业务的全面数字化转型。

把握数字化转型的先机

在数智化时代,企业应顺势而为,把握时代先机,做数字经济的领跑者。

不同国家的数字经济发展程度不尽相同。2021年,全球数字经济规模最大的国家是美国,整体产值超过15.3万亿美元;其次是中国,大概是7.1万亿美元;再次是日、德、英等国。根据联合国发布的《2019年数字经济报告》,中美两国占了区块链技术相关专利的75%、全球物流网支出的50%、全球公共云计算市场的75%以上,以及全球70个最大数字平台市值的90%。

在今天,数字化发展的趋势不可阻挡。从微观层面来看,企业数字化的特点主要有:数据驱动业务、实时在线办公、企业全价值链的智能化转型、平台支撑企业成长、以客户为中心的服务增值、个性化定制成为新范式等。从宏观层面来看,数字经济的地理空间呈现大分散、小集中的格局。我国企业想要成为数字经济的领跑者,需要把握十大趋势,如表5-1所示。

表5-1 我国企业需要把握的十大趋势

序号	说明
1	行业深度数字化,企业要把握数字化产品与服务的机遇。"十四五"规划纲要明确提出要促进数字技术与实体经济深度融合,加快推进产业数字化转型

续表

序号	说明
2	云市场格局有变,企业将重置云选择流程,关注业务成果而非需求,评估从设备到边缘以及从数据到生态的云服务商产品组合,以寻求在符合政策要求下加速创新
3	企业智能理念兴起,智能预测与智能决策价值凸显。人工智能是"十四五"规划纲要明确的未来数字经济七大重点产业之一。到2025年,超过60%的企业将把人类专业知识与人工智能、机器学习、自然语言处理和模式识别相结合,进行智能预测与智能决策,提高员工的工作效率和生产力
4	多元化交互重塑用户体验,元宇宙概念持续发酵。国际数据公司(IDC)将"元宇宙"定义为与现实世界平行的、可提供游戏、购物、社交、学习等沉浸体验的开放虚拟世界。目前,元宇宙还处于发展的早期阶段,未来有巨大的发展空间
5	网络连接价值进一步彰显,企业将优先考虑网络连接的韧性,确保业务连续性和新的应用场景的开发,为客户、员工以及合作伙伴提供不间断的数字化互动和优良体验
6	数字孪生全方位渗透,企业开始打造虚拟新基建,数字孪生应用驶入快车道。从2021年到2027年,为数字孪生建模的实物资产和流程的数量将快速增长,从而帮助企业降低运营成本,提升运营绩效,加速实现转型与创新
7	"即服务"交付将更为普及,企业IT预算将重新分配。由于企业在安全、云平台、虚拟工作空间和连接领域采用集成的"即服务"捆绑包,因此,40%的大型企业将对IT预算进行重新分配
8	数字化生态系统持续重构,工业互联网将迎来盈利潮。到2026年,中国1000强公司的30%的收入将来自行业生态系统。获得这些收入的方式主要包括共享数据、共享应用、共享运营等
9	数据安全和隐私保护面临巨大挑战,数据治理与安全成为刚需。《数据安全法》《个人信息保护法》《关键信息基础设施安全保护条例》的实施,给所有企业都带来了巨大挑战。到2024年,数据隐私、安全、使用、披露方面的要求,将迫使80%的中国大型企业在自主基础上重组其数据治理流程

续表

序号	说明
10	双碳与环境、社会和公司治理(ESG)是新议程,技术普惠考验企业社会责任。"十四五"规划纲要明确提出,要强化环境保护,发展绿色经济。未来,中国企业将把环境可持续性作为一项重要的考核指标

资料来源:部分信息来源于国际数据公司(IDC)官网,表格由蓝凌研究院整理而成

在数智化时代,企业竞争的实质是围绕产品生态的竞争。企业一方面要转变思维方式,顺应时代潮流,在企业文化层面接受数字理念,另一方面则要利用数字技术,规避数字经济领域的风险,勇于面对国际社会的挑战,在时代的浪潮中奋勇搏击,成为数字化转型的领跑者。

下篇 PART 2

乘势而上：企业数字化转型实践案例

| 第六章 |

安信证券：跨空间办公，打造证券行业协同办公新模式

导语 随着金融科技的兴起，证券行业的数字化转型速度大大加快。安信证券股份有限公司（以下简称"安信证券"）也在这个大趋势下加强了数字化办公的建设。安信证券主要从基础办公、企业内部管理、业务管理赋能、智能决策四个方向推进数字化转型，提升组织运作效率、任务协同能力及员工的满意度与获得感。

第六章　安信证券：跨空间办公，打造证券行业协同办公新模式

四个阶段塑造证券行业新认知

在数字化的大趋势下，企业是否拥有数字化能力成为影响企业发展的重要变量。目前，证券行业正处于数字化转型的加速期：一方面，资本市场已发展多年，当下正是业务快速发展、创新的时期；另一方面，科学技术的变革给券商市场竞争带来了更大的压力和挑战。

证券企业希望通过数字技术提高自身的核心竞争力。在安信证券看来，数字化和数字化转型是两个不同的概念。数字化是利用数字技术帮助企业实现局部的优化，提高工作效率，使企业有更好的发展。数字化转型则以业务转型为导向，助力企业形成长期竞争优势，以便在未来的市场竞争中获得成功。

证券行业的数字化转型历程主要分为起步、加速、沉浸、成熟四个阶段。

在起步阶段，企业缺乏数字化基础，数字化资源匮乏。行业企业虽然感受到了数字化冲击，但未形成全公司统一的数字化意识。在证券公司里，有些应用领域，比如零售客户服务领域，已经处在智能化阶段，但有些业务条线或职能板块，由于之前在IT方面的投入较少，还未实现最基本的业务电子化、系统化。

在加速阶段，企业部分经营环节实现数字化，并取得阶段

性成果。从安信证券的实践来看,其在新冠疫情之前就开始了业务线上化的探索。此外,安信证券通过持续完善业务中台,运用智能审核、智能外呼和智能客服三大智能体系,支持员工线上办理公司业务,并取得了显著成效。

在沉浸阶段,企业的数字化生态开始形成,员工开始运用数字化平台办公,新的组织架构和业务模式形成。如在新冠疫情防控期间,安信证券为保障公司正常运转,通过自主设计的VPN架构,使员工在家也可以访问应用系统。

在成熟阶段,以安信证券为例,安信证券运用数字化工具,实现了数据驱动决策和数字化运营,降低了企业成本,提高了企业经营效率。安信证券认为,数字化有两个主要发展方向:一个是高效连接,为公司办公数据的高度共享提供保障;另一个则是数据智能化发展。从安信证券数字化转型产生的大量数据来看,经过提炼的数据可以为员工提供决策参考,极大地提升了员工的工作效率。

安信证券的数字化转型是利用数字技术,通过业务数字化、技术平台化、组织敏捷化等方式实现了公司层面的数字化平台建设和公司业务变革,让公司对外部环境的响应更加快速、灵活。

安信方法论:"五个一"规划

安信证券明确将数字化转型列入公司的"十四五"规划中。

在数字化转型战略实施过程中，安信证券成立了以董事长为总负责人的数字化转型领导小组和工作小组，自上而下贯彻执行数字化转型战略。

随着数字化转型战略的明确，安信证券发布了《安信证券数字化转型白皮书》，通过积极开展各项金融科技文化活动，如安信证券金融科技文化节，以及开展数字化转型合理化建议征集活动，增进公司员工对数字化转型的理解，鼓励公司全体员工积极参与数字化转型。这一系列动作的目的是让安信证券能够借助金融科技，提升业务价值。

面对数字化转型，企业一方面要对数字化转型的内涵有清晰的认识，另一方面则要明确企业数字化转型的目标。安信证券认为，数字化转型的首要目标是助力公司实现业务转型，并以此为导向实现公司战略目标。

安信证券的数字化规划体系如图6-1所示。

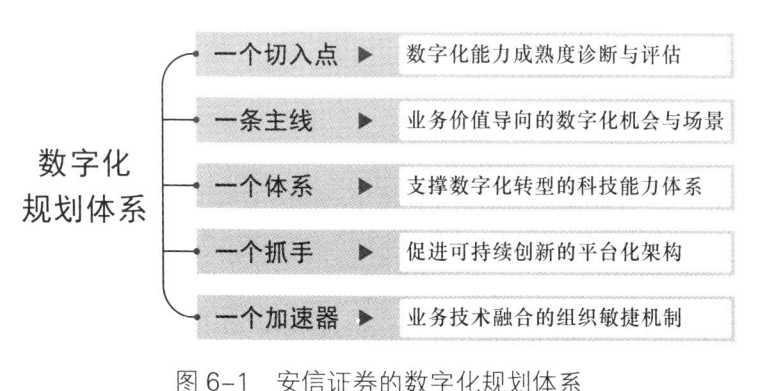

数字化规划体系		
	一个切入点 ▶	数字化能力成熟度诊断与评估
	一条主线 ▶	业务价值导向的数字化机会与场景
	一个体系 ▶	支撑数字化转型的科技能力体系
	一个抓手 ▶	促进可持续创新的平台化架构
	一个加速器 ▶	业务技术融合的组织敏捷机制

图6-1 安信证券的数字化规划体系

安信证券通过数字化能力成熟度的诊断与评估，总结出自身在数字化方面的特点,再设计出一条以业务价值为导向的数字化主线,建设支撑数字化转型的科技能力体系。此外,安信证券以促进可持续创新的平台化架构为抓手,实现企业数字化能力的持续发展,最终成为敏捷的数字化组织。

在数字化转型的落地执行上,安信证券把数字化转型定位为"全民运动",成立了数字化转型办公室来推动相关工作,并确立了以下原则。第一,在实现数字化转型的过程中,坚持服务客户、成就客户的经营理念,运用数字化,尽可能地降低成本,创造最大的价值。第二,在战略上"高大上",在战术上"小快灵",以开放的姿态,融入更大的生态。第三,以用户为中心,实现端到端全流程打通,覆盖所有的业务和职能条线。第四,强调业务与技术的融合,用敏捷快速的方式迭代产品、工具、服务,拥抱变化,敢于创新。

在确定战略目标及相关原则后,安信证券从基础办公、企业内部管理、业务管理赋能、智能决策四个方向推进数字化转型,通过数字化办公为员工赋能,提高管理与决策的效率,如表 6-1 所示。

表 6-1 安信证券推进数字化转型的四个方向

方向	说明
基础办公	打造员工自助服务平台,以提升员工的服务质量和用户体验
企业内部管理	通过自身变革,促进管理与服务的流程化、自动化,实现数字化运营

续表

方向	说明
业务管理赋能	打造开放、共享和互连的线上平台，为业务部门提供数据和流程支持，促进业务的高效协同
智能决策	打造数字化平台，为高层提供决策服务

根据上述四个数字化转型方向，安信证券首席信息官许彦冰表示，安信证券数字化转型下一阶段的重点主要有四个方面。第一，找准业务场景和业务价值。第二，持续加强数字化转型的组织保障、制度机制建设、资金投入以及创新人才队伍建设。第三，提高数据治理的能力，加强数据与人工智能应用能力，形成数据驱动文化，借助数据驱动决策实现数字化运营。第四，关注研发效能。在提升自主研发能力的同时，善用工具，提高研发管理与运营水平。

安信证券认为，企业数字化转型要以数字技术为基础，以数据为核心。企业数字化的本质，是技术与商业模式的深度融合。因此，安信证券在做数字化转型时，主要是以业务牵引和技术赋能为主，以此来推动公司业务数字化的发展，最终实现商业模式的变革。

安信证券于2015年开始加大科技投入，用五年时间完成了零售平台化建设，随后开始拓展其他业务线。在拓展其他业务线时，安信证券围绕客户洞察、产品营销、业务营销、渠道生态、风控合规以及办公效率等六大方面开启了业务数字化建设，打造外部与内部双向协同的能力体系。

在选择数字化办公软件产品方面，许彦冰表示，软件产品须满足以下五个要求。第一，产品须为安信证券提供链接生态的能力，且要有良好的开放性和包容性；第二，产品要保证安信证券数据的完整性和产品的易用性；第三，产品要具备可定制性，产品要根据安信证券的实际情况及时更新与迭代；第四，产品要安全、合规、可控以及稳定；第五，产品的技术架构要符合证券市场的发展趋势。

在数字化转型过程中，安信证券内部进行了大规模的组织和业务流程的变革，而不是简单地通过升级数字工具来实现数字化转型的目标。关于数字化的实现方式，安信证券主要是从数字化转型意识和技术能力建设两个层面去推进的。在数字化转型意识层面，安信证券意识到：公司员工如果因为无法正确认识数字化转型而产生"认知差异"，就有可能阻碍企业的数字化转型。为解决这个问题，安信证券通过科普、培训、竞赛等方式，让员工对"金融科技"和"数字化转型"有一定的认识。此外，在开展每一个项目之前，安信证券都会与员工做好沟通，让员工在项目认知层面与公司保持一致，以便后续工作的顺利开展。

在技术能力建设层面，安信证券以用户数据为中心，以场景数据为导向。在项目建设前期，安信证券就成立项目组专门做市场和行业调研，并根据调研数据运作项目。

安信证券的办公数字化有两条主线，一是在需求侧（或称产品侧），以员工为中心，搭建统一门户、统一入口，提升各业务线的能力，服务好相关的企业办公场景；二是在技术侧，投入一定的资源，强化组织内部的自主研发力量。如果只是单纯购买一个成熟的套件或者系统，那么组织很难实现设定的目标。因此，组织内部需要有一个专业的团队，带动整个组织朝着平台一体化、共建共享、数据整合的方向前进。

解决四大痛点，实现生态赋能

为了能更好地实现数字化转型，安信证券与蓝凌携手升级了数字化办公平台。

根据业务场景的发展需求，安信证券整理了业务场景地图，排定了优先级，致力于解决员工在工作协同中的痛点。四大痛点及解决方式，如表6-2所示。

表6-2 四大痛点及解决方式

痛点	解决方式
差旅需求多	多个部门合作梳理了大量的流程细节，打造了商旅费控平台；商旅费控平台可进行系统自动检测，拥有简化审批流程、信息同步及实时数据监测等功能，让流程更高效，同时帮助员工省时间，减轻财务压力
考勤不便	基于地理位置移动打卡，员工在手机端提交考勤流程申请，企业可以实时查看考勤状态，实现考勤全流程闭环管理
人力管理不便	通过集成人力资源专业领域的流程、能力、资料及事项，为员工提供信息查询等专项服务

续表

痛点	解决方式
事务流程不畅	通过智能机器人（工作助手），对重要信息提前预警提醒，包含员工转正、合同到期、工资条推送、考勤异常等人力资源领域信息，以及从出差申请到报销结算的财务全流程信息

在全面开展办公数字化建设的一年时间里，安信证券在基础办公、内部管理、业务管理赋能三个方面，已完成多个数字化项目建设。例如，在基础办公方面，安信证券完成了移动综合办公平台、智能门户、智能会议、IP电话、楼宇智能化等项目的建设。在企业内部管理方面，安信证券完成了人力资源数字化、财务数字化、党建数字化、智能合同印章等项目。而在业务管理赋能方面，企业开发了智能投行、研究与销售平台、机构协同平台等项目。

此外，安信证券还强化了办公中台能力和数据能力的建设。办公中台包括统一身份认证平台、统一流程平台、统一待办平台、文档中台、合同印章中台。各业务线的数据能力建设，为全面实现公司办公数字化目标打下了坚实基础。

其中，安信证券在基础办公方面的成果较为显著，其通过远程移动办公、统一通信等方面的能力建设，满足了公司远程办公的需求，让公司全员在新冠疫情防控期间可以居家高效办公，把公司在新冠疫情防控期间因员工无法到公司上班而造成的损失降到了最低。

与此同时，我们也需要注意到，证券行业的数字化转型还处在初级阶段，安信证券通过链接数字化生态所得到的数据质量参差不齐、共享体验差，这阻碍了安信证券进一步的数字化转型。此外，由于企业人才引进相对不足，企业"泛OA"办公平台的研发进度也受到了一定程度的影响。面对这些问题，安信证券一方面督促员工掌握更多关于企业数字化转型的知识，另一方面，企业也在招揽相关人才，为进一步推进数字化转型提供助力。

在证券行业中，安信证券将业务与数字化办公深度融合，并将赋能业务、支持业务合规开展等作为数字化办公的特点。安信证券认为，企业在未来需要将办公协同升级为业务协同，将数据智能化，实现跨空间、跨领域的高效办公。

此外，安信证券还非常重视数字化办公中的沟通协同，这里的沟通不仅包括企业内部的沟通，还包括与外部客户的沟通，并且，与外部客户的沟通比企业内部的沟通更为重要。

同时，数据也是数字化转型的核心所在，是系统智能化的基础。在这一方面，安信证券与蓝凌进行了多方面的合作，完成了多套系统的对接，实现了统一流程服务。

未来，安信证券将继续深耕融合、共创、共建及共享领域，利用链接数字生态能力，为企业员工提供更好的工作环境，为客户提供更优质的服务。

| 第七章 |

临港集团：打造智慧园区，产业园的数字发展新路径

> **导语** 产业园作为发展实体经济和数字经济的重要载体，近年来，在经济整体高质量发展的推动下，逐步向以产业生态服务为核心功能的方向发展。临港集团是一家以开发产业园和提供配套服务为主的企业，具有组织架构复杂、分支机构多等特点。在数字经济时代，临港集团面临企业管控不到位、办公效率低下等问题。那么，临港集团是如何运用数字化手段解决这些问题，进而成功实施批量打造千亿级产业园计划的呢？

第七章 临港集团：打造智慧园区，产业园的数字发展新路径

战略驱动数字化管理

上海临港经济发展（集团）有限公司（以下简称"临港集团"），是上海市国有资产管理委员会下属的大型国有企业集团，总部位于上海市。临港集团以园区开发、企业服务和产业投资为主业，旗下拥有"临港""漕河泾""新业坊"三大品牌以及沪市主板上市公司——上海临港。临港集团在中国（上海）自由贸易试验区临港新片区的建设中承担着重要使命。

作为我国科技创新和产业发展的推动者、区域转型和城市更新的建设者，临港集团自成立以来，就深耕产业园区的开发及建设，其在物流园区、科技园区、文化创意园区、总部基地、生态农业园区等领域做出了非凡的贡献。

经过多年的发展，临港集团已成为上海最大的园区开发企业。在今天，临港集团已经建成了以新能源装备、船舶关键件、海洋工程、工程机械等为代表的装备制造基地。

2019年，国务院发布了《中国（上海）自由贸易试验区临港新片区总体方案》。临港集团作为上海市属的大型国有园区开发企业，因其过硬的业务能力被委以重任。为此，临港集团制定了打造千亿级产业园区的计划。

但是，随着数字化浪潮的到来，临港集团若想实现进一步的发展，就需要做出改变。在数字化浪潮的推动下，临港集团

决定打造"数字集团"。

由于临港集团是集团企业,部门众多,并且拥有多家子公司,集团缺乏统一信息发布平台,总公司与子公司的数据难互通。这些因素使集团存在战略一体化管控难、提高协作效率难、业务运营效率提升难、重要信息及时传达难等问题。

这些问题不仅是临港集团在管理集团和运行项目时的阻碍,也是临港集团在数字化升级时的难点。若要实现目标与计划,临港集团需解决管控不到位以及办公效率低下等问题,此时,通过数字化升级来推动集团发展就成了最佳选择。

为解决集团的管控问题,临港集团与上海瑞谷拜特软件技术有限公司(以下简称"瑞谷拜特")合作。瑞谷拜特通过智慧园区应用集成平台,为临港集团打造了"临港云"业管一体化平台,为集团管理与业务运营提供服务,打破了集团内部的沟通壁垒。为提升数字化管理水平,提高工作效率,临港集团又与深圳市蓝凌软件股份有限公司展开合作。临港集团选择与瑞谷拜特、蓝凌合作,共同打造可为集团提供助力的数字化产品,以此来赋能智慧园区的建设。

协同大脑,赋能智慧园区

由于在大型国企智慧办公领域有着丰富的经验,蓝凌受邀与临港集团共建协同云平台,作为临港集团的数字化办公系统。基于蓝凌数字化 OA 系统与专属钉钉,蓝凌为临港集团打造一体化、在线化、移动化、专属化的全新数字化办公方式，赋能集团数字化管理，使集团数字化管理更高效。

专属钉钉可以为企业提供个性化的专属App解决方案。融合专属钉钉与蓝凌MK-PaaS平台能力的专属钉钉蓝凌版，是第一款基于钉钉的企业级SaaS产品。

专属钉钉蓝凌版作为个性化定制系统，具有以下功能：支持集成第三方系统，支持用户自定义门户，实现四端统一；统一待办、日程、会议、流程等，提高业务协同效率；支持私有化部署，打造企业专有、可控的数字化办公基座；能通过快速开发平台，满足各类中长尾业务的信息化覆盖需求。

临港集团将蓝凌数字化OA系统与专属钉钉蓝凌版运用到日常工作中后，从以下三个方面升级协同云平台，提升了数字化管理的效率。

第一，通过协同云平台，临港集团可以统一发布待办事项与通知信息，不仅方便临港集团全体员工了解企业的制度和最新动态，还能让全体员工集中处理各类流程待办事项，让跨部门协作更高效。

此外，协同云平台还能赋能标准流程作业，汇集流程管理、公文管理、新闻管理、会议管理等内部办公应用，并提供安全管理、规划管理、人事管理、财务管理、供应商管理、工程项目管理、招商管理等业务系统的快捷入口，支撑企业标准化、流程化、便捷化的高效作业。

第二，打通内外协作，提高采购和供应商在线管理的效率。

临港集团通过蓝凌数字化 OA 统一招标采购业务入口，打通招标采购相关业务项目，使业务项目能够按照采购主体、类型、组织形式、采购方式、控制价、计价方式等标准分类展示，助力企业降本增效。

协同云平台还能赋能生态化协同，通过集中管理供应商的基础信息、资质信息，结合供应商流程管理、供应商台账信息、供应商评价、供应商项目、标签管理等，支持企业打造高效、透明的供应链，进一步提升生态协同效率。

第三，定制专属钉钉，打造自己的数字化办公方式。

首先，在专属钉钉上，临港集团可自定义工作台 Logo 与启动页，让企业纪念日、重大通知等通过专属钉钉的启动画面快速传播，加强企业文化建设，强化国企员工的归属感。其次，临港集团员工可通过专属工作台实现移动办公，大大提升了办公效率。最后，基于蓝桥（蓝凌打造的"企业 IT 系统连接钉钉的适配器"），数万员工的组织信息能够快速同步钉钉，实现企业内各系统的免登录服务。集团也可以统一推送待办消息到钉钉，实现集团门户、个人门户、应用门户等个性化门户展示，打造一站式、个性化移动办公方式，让工作更高效。

把握机遇，加快智慧园区建设

在数字经济时代，作为"产业发展的推动者、城市更新的建设者"的临港集团，为适应数字经济的战略要求，除跟蓝凌合作共建协同云平台外，还通过 BiPark 智慧园区数智平台升级数字化管理，赋能创新发展，打造智能化的千亿级产业园区。

BiPark 智慧园区数智平台能为企业提供有效的数据分析技术和方法，同时还能收集、管理和分析数据，将数据转化为可视化的信息，从而辅助企业高层决策。临港集团与瑞谷拜特合作，通过 BiPark 智慧园区数智平台，共同构建适用于整个临港集团的"临港云"业管一体化平台，该平台具有以下几个方面的作用。

第一，建立核心业务统一管理系统，规范资产管理流程。"临港云"业管一体化平台，打破了临港集团各个部门之间以及各个子公司之间的沟通壁垒。以往临港集团的资产管理流程存在系统繁复、准确性差、缺乏基础数据以及相对应的管理手段等问题，"临港云"业管一体化平台为临港集团提供了资产管理统一系统，使得集团本部以及各子公司、各部门、各项目的管理和运营都实现了标准化、流程化。"临港云"业管一体化平台可记录各项目运行时的资产状态，不仅能够帮助集团及时了解各基地、各园区的情况，同时也能为集团分析资产经营状况提供参考数据。

第二，提供全方位招商客户管理系统。"临港云"业管一体化平台，能够为临港集团提供具有招商营销、业务支持以及数据分析等全方位功能的招商客户管理系统。通过招商客户管理系统，临港集团不仅可以对招商客户的信息进行整理分析，并将这些信息同步给各园区、各基地，还可以对重点招商项目进行多维度分析，为临港集团提升服务效能、科学评估风险等工作提供有力的数据支撑。

第三，打造业务运营管控中心系统。根据临港集团的业务特性，"临港云"业管一体化平台利用整合后的数据打造业务运营管控中心系统，全面呈现集团的规划蓝图和发展趋势。系统重点聚焦股权投资、基金投资、战略投资项目等，通过整合资料的方式为管理者提供全方位的项目分析，降低集团运营风险。

"地基要稳，房子才牢。"完成了数字化升级后的临港集团，取得了以下三个方面的成果。第一，构建了包括门户、流程等在内的一体化办公平台，实现了数字化办公。临港集团通过为员工提供集中办事与高效办公的平台，将流程化繁为简，加快了事务的处理速度与项目的运行速度，提高了集团的经营与管理效率。第二，可运用集成物业、招商等业务系统，连接供应商系统，打破组织内外部的沟通壁垒。第三，打造了具有临港特色的专属App，让移动化、智能化的工作台支撑沟通、协作，赋能数字化转型。

瑞谷拜特打造的"临港云"业管一体化平台与蓝凌提供的专属钉钉，不仅提升了临港集团的项目运行速度、沟通反馈速度，同时在办公效率方面，为临港集团在三年内实现计划目标提供了保障。

完成了数字化升级的临港集团,并未止步不前。临港集团紧抓数字化时代的发展机遇,在拥抱新时代的同时,秉持"特色化、数字化、绿色化、国际化"的发展理念,将产业园区与城市、金融等结合,发展智慧社区。

在未来,临港集团将在园区的数字化安全系统、建设智慧城市等方面不断探索。临港集团完成了数字化升级后,保障企业的数据安全成为重要工作内容,因此,数字化安全管理是临港集团在下一个数字化发展阶段的重要目标。此外,作为国企,临港集团也要担起服务城市和服务居民的社会责任,因此,它需要运用数字化手段推动产业升级和结构优化调整,与时俱进地推进城市更新工作。

| 第八章 |

中国长城：全国产化 OA 系统助推网信产业腾飞

导语 当今时代，数字经济成为主流，企业为跟上时代发展的步伐，大都选择进行数字化转型。但目前我国企业进行数字化转型所应用的软件、系统大都依赖进口，这使得我国在数据信息安全方面存在隐患。作为我国网信产业的领军企业，中国长城正在打破国外数字技术的行业壁垒，着力研发独立自主的数字化技术及产品，以此来打造网信产业生态链。在我国的数字化进程中，中国长城是如何为企业的数字化转型服务的？又是如何做好网络信息安全工作的呢？

第八章 中国长城：全国产化 OA 系统助推网信产业腾飞

网信产业的重要一员

何为网信产业？网信产业指的是网络安全与信息化产业。发展网信产业不仅可以体现国家对互联网的运用实力，还可以推动社会生产力的发展，而核心技术、网络安全、人才建设等是构成网信产业的重要基石。

信息技术应用创新是网信产业发展的重要推动力，可在企业进行数字化转型时，为企业提供保障数据安全与网络安全的服务。由于国内 IT 行业的底层架构、生态标准等大多由国外 IT 巨头制定，近些年，来自国际的信息安全威胁事件层出不穷。为了维护国家的网络信息安全，我国亟须打造自主可控的 IT 底层架构和标准，形成自主开放生态。

网信产业是数字经济架构中的重要一环，其发展情况体现了一个国家核心技术与关键产业自主可控、自立自强的实现程度。

作为一家国有企业，中国长城近年来积极响应国家号召，积极转型，将网络安全与信息化和系统装备作为企业的主要业务，维护国家的数据信息安全，助力国内企业进行数字化转型。目前，中国长城主要聚焦国内网信业务及系统装备业务。

中国长城认为，数字化转型需要保证企业数据信息的安全。为此，中国长城通过网信技术构建了"芯—端—云—控—网—安"完整产品产业生态链和全新的安全生态体系，以此筑牢网信领域安全底座，为数字经济提供基础算力及技术保障。

数字化系统升级

中国长城以门户为集团管控的落地载体，实现了流程的打通，提高了多地协作的效率。中国长城从基础协同切入，逐步向精细化管理深化，并在集团多种业务中进行推广。最终，中国长城打造出了支持国产化数据库、操作系统和数据库适配的协同办公平台。在此过程中，中国长城进行了两次重要的数字化系统升级。

第一次数字化系统升级

中国长城与蓝凌的第一次合作，实现了蓝凌 EKP 系统[1] 和数据库在中国长城的自主可控服务器上运行，系统部署了国产数据库集群环境，为 5000 多位用户提供稳定服务，支撑中国长城以高效、安全的数字化形式进行办公。

蓝凌 EKP 系统从以下 7 个方面赋能中国长城，帮助中国长城保障数据安全，提升企业的办公效率。

第一，统一门户，加强中国长城的一体化管控。蓝凌

---

[1] 蓝凌 EKP 系统是蓝凌旗下的协同办公平台，其将协同办公、知识共享、文化管理、战略管理等融合为一体，能够满足用户的个性化办公需求。

EKP系统为中国长城构建了42个门户，如集团门户、党建门户、个人门户以及法治建设与全面风险信息管理平台等。这些门户全面覆盖了中国长城各职能部门及旗下的分公司。员工可通过该系统获取企业的新闻、动态、知识、制度，助力公司战略上传下达，实现集团一体化管控。

第二，提高安全保障。系统管理员、安全保密管理员和安全审计管理员相互独立、相互制约，保障系统信息安全，防止恶意访问。

第三，构建与财务管理、人事管理、知识管理、公文管理等有关的2000多个流程模板，将所有业务转移至线上，提升中国长城的管理效率。

第四，完善了机关单位电子公文系统的建设，全面规范了公文结构、公文应用接口和公文交换接口，使机关单位电子印章的应用流程更加有序，公文元数据和公文标识达到更高的规范化要求。

第五，赋能会议工作台。中国长城可通过蓝凌EKP系统在线筹备、执行会议，通过全过程闭环管理，提高筹备、执行会议的效率。

第六，打造知识管理平台，提升中国长城的核心竞争力。中国长城携手蓝凌打造了各类知识库，在系统上储存了7000多条知识，中国长城通过运用这些知识解决了知识复用方面的难题。

第七，蓝凌将21套业务系统与18个第三方系统进行深度融合，实现各系统之间的互联互通，使数据、流程实现共享；中国长城通过统一的管理系统，帮助各部门实现高效协同办公。

在实现了集团一体化管控的目标之后，中国长城开启了全面数字化转型的大幕，提出将现有核心软硬件全部国产化的目标。为实现这个目标，中国长城决定再次与蓝凌合作。

第二次数字化系统升级

中国长城与蓝凌的第二次合作，使其在核心芯片、基础硬件、数据库服务器、操作系统、中间件、应用软件等领域顺利实现了国产化。在保障数据安全的前提下，中国长城为即将进行数字化转型的企业，提供上百种更安全、更优质的应用产品。

全栈业务不仅能够支撑传统业务的开展，还能满足数字化转型的业务需求。因此，企业通常会在数字化转型的过渡期涉足全栈业务。通过开展全栈业务，企业可以减少因不适应数字化转型过程而造成的损失。

与此同时，蓝凌的另一款数字化工具——蓝凌KK，在中国长城的第二次数字化系统升级过程中发挥了重要作用。

蓝凌KK是一款统一移动办公平台应用，它可以为企业提供企业通讯录、即时通信、电话及视频会议、企业网盘等各项服务。借助蓝凌KK，中国长城在数字化发展的过程中，逐步

第八章　中国长城：全国产化 OA 系统助推网信产业腾飞

打破了内部信息孤岛的状态，加强了企业内部人员之间的联系，增强了中国长城的业务反应能力。

此外，为了让蓝凌 EKP 系统能够适配网络信息环境，中国长城携手蓝凌对各个国产化系统进行了升级。中国长城先对达梦数据库进行了升级，在保证系统稳定运行，且能够保障数据安全的前提下，再将数据迁移至数据库。随后，中国长城携手蓝凌对银河麒麟操作系统进行了升级。通过研发与升级，中国长城受到越来越多的客户企业的青睐，成为网信产业的标杆。

中国长城响应国家号召，通过与蓝凌合作，实现了将现有核心软硬件全部国产化的目标，保证了国内企业数字化转型过程的稳定，保障了数据信息的安全。

数字化办公平台的四大价值

自 2017 年以来，中国长城将网络安全与信息化服务作为企业的主营业务之一。在国内企业大都依靠国外系统软件进行数字化转型时，中国长城依托 PKS[①] 技术体系，成为建设国产网信系统的先行者。

截至 2021 年 5 月，中国长城的系统注册用户数已超过 9000 家，并发用户数超过 3000 家；中国长城的 OA 系统与 21

---

① "P" 代表飞腾处理器，"K" 代表麒麟操作系统，"S" 代表安全。

套业务系统深度集成，汇集18个第三方异构源，客户自行定制开发14个模块，已经成为企业的核心系统。总体而言，中国长城所推出的全国产化数字化办公平台，能够为进行数字化转型的企业提供诸多助益。

第一，提高企业运营效率。通过全国产化数字办公平台，企业可以共享数据和信息，消除企业内部的信息壁垒，形成"即交流—即沟通—即反馈"的高效运营模式。

第二，助力企业实现一体化管控。帮助企业整合、规范各部门，实现一体化管控。

第三，提高企业的办公效率。中国长城将企业流程平台化，并通过线上办公，提高了企业整体的工作效率。

第四，保障数据信息安全。以PKS技术体系为载体，融合蓝凌EKP系统的OA系统，是全国产化的数字化办公平台，它可为企业提供安全、稳定的运行服务，助力企业可持续发展。

中国长城对数字化转型和网络安全的重视，使其成为我国网信产业技术创新的引领者和龙头企业。在未来，中国长城将继续加大信息技术应用创新的研发力度，在持续推出自主安全产品，做好数字技术企业方面起到表率作用。

| 第九章 |

京博集团：中台战略助力 500 强企业数字化转型

> **导语** 在数字经济时代的大潮下，多元企业为了跟上时代发展的步伐，必须要有更加高效的运营系统和管理模式。因此，多元企业在新时代进行数字化转型是最好的选择。通过数字化转型，多元企业可以转变业务流程和经营模式，使原本繁杂、低效、重复的流程得到优化，企业运营效率得到大幅度提升。

第九章　京博集团：中台战略助力 500 强企业数字化转型

企业发展与数字化战略

山东京博控股集团有限公司（以下简称"京博集团"）成立于 1991 年，前身是校办企业，其通过逐步改制，成为如今的中国 500 强企业。京博集团的业务主要包括现代制造业、现代服务业、新兴产业以及现代农业。其面向终端和社会提供能源、新材料、三农发展、物流等产品、技术、服务和系统解决方案。京博集团旗下拥有山东京博石油化工有限公司、黄河三角洲京博化工研究院有限公司、山东京博新能源控股发展有限公司、山东京博商联商贸有限公司等子公司，业务范围广泛，是一家多元发展的大型集团企业。

京博集团发展至今，依靠的是"为客户生产满意商品，为社会培养有益人才"的使命。

作为一家多元发展的大型企业，京博集团在数字化时代有三个痛点。首先，京博集团的内部组织架构复杂，各部门之间协同办公困难，集团内部难以实现一体化管控；其次，京博集团的"烟囱式"架构，造成各系统数据无法相通，业务系统新旧叠加，企业内部系统建设、维护成本高；最后，京博集团的办公平台跟不上集团发展的步伐，无法支撑集团的管理创新和业务拓展。

因此，为了业务的持续健康发展，京博集团需要更换一个能支撑集团创新管理的系统平台,而数字化转型就是它的最佳选择。在进行数字化转型的过程中,京博集团认为要注意以下三点。

第一,需要升级技术中台和协同中台,让京博集团的业务流程和管理流程更简单、更高效。

第二,需要找到升级技术架构的方法,让京博集团内部的数字化系统性能更好,更加安全可靠,可以快速构建应用。

第三,需要找到合适的顶层设计统筹全局,使京博集团在数字化转型过程中能够事半功倍。

根据以上三点要求进行数字化升级,可有效解决在信息化过程中老办公系统遗留下来的问题,以及在前期数字化过程中出现的数据信息泄露和操作烦琐等问题。

"四中台战略"的提出

京博集团在数字化转型过程中,最关键的一点是解决集团在信息化时代所产生的问题。为此,京博集团内部成立了数字化团队,打造了新型"数字核心"赋能平台。京博集团打造的新平台战略被称为"四中台战略"。通过"四中台战略",京博集团可以根据具体需求进行数字化转型。京博集团的"四中台战略"如图9-1所示。

第九章 京博集团：中台战略助力500强企业数字化转型

```
         数字化企业经营管理决策平台
┌──────────┬──────────┬──────────┬──────────┐
│  营销中台 │  运营中台 │  生产中台 │  门户中台 │
└──────────┴──────────┴──────────┴──────────┘
        数据湖、大数据平台、数据仓库
```

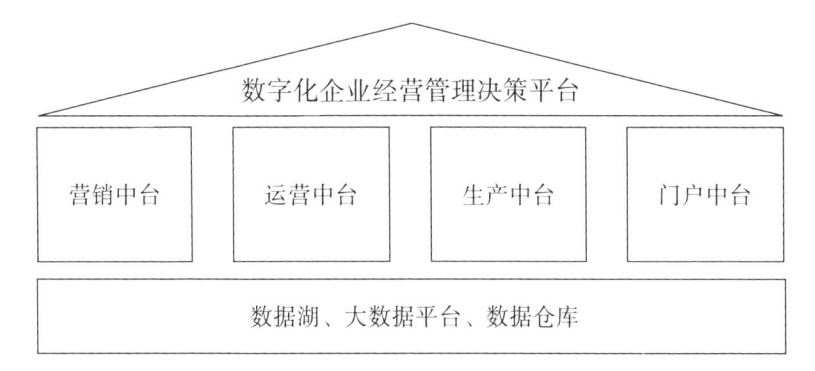

图 9-1　四中台战略

"四中台战略"的整体架构，是以京博集团旗下子公司的业务流程为基础，以 To B 模式为依据进行设计的。其中，作为顶层设计的数字化企业经营管理决策平台，起到支撑企业高质量运营的作用，该平台涵盖了战略层、经营管理层、执行层三个层面。

而位于中层的四个中台分别是：营销中台、运营中台、生产中台、门户中台。这四个中台主要是为不同的业务提供服务的，处理每项业务产生的数据信息，并进行汇总。

营销中台的主要功能包括以下几个方面。一是负责京博集团产品的对外输出与服务，提供对外营销、产品、服务的解决方案，协同业务的运营；二是研究客户的消费倾向与消费习惯，帮助集团升级产品与服务；三是以数据为基础，发掘提升空间，促进产品或服务的升级换代。营销中台促进了京博集团的业务在营销生态层面的协同，同时也打造了京博集团的合作伙伴发展营销生态链。

运营中台是京博集团的核心中台，京博集团将244个信息系统中的敏态业务，从原系统中抽离，再纳入运营中台。京博集团不仅对多个系统进行了整合，还重构了业务逻辑，并同步建设能够共享、复用的能力组件。

生产中台是京博集团根据自身需求保留下来的一个无法通用的平台。该平台可以根据不同的产业形态，为京博集团提供个性化服务。

门户中台是京博集团非生产性应用的统一平台。它的主要任务是协助高层人员管理企业，协助普通员工进行业务办理、处理日常工作数据。门户中台支持办公自动化、业务流程管理自动化，使集团员工能够随时随地办公。

大数据中台与京博集团的数据湖相通，不仅可以将集团各业务模块的数据可视化，还可以促进数据型业务管理模式规范化，将得到的数据信息提供给集团管理者，为集团管理者提供数据支持。

位于"四中台战略"底层的是支持运营管理的基础资源和底层架构，由数据湖、大数据平台和数据仓库等构成，贯穿京博集团各大业务模块和底层信息系统架构，使集团各项业务数据实现互通、共享，从而为管理者的决策提供数据支持，帮助集团实现精细化运营和管理。

数字化时代，"四中台战略"可以帮助京博集团解决信息化时期遗留下来的投入大、见效短等问题，为其提供经营与管理方面的灵活应变能力。

数字化办公平台的诞生

在京博集团逐步发展壮大的过程中，原先的系统平台已跟不上集团的业务发展步伐。为此，京博集团与蓝凌合作，构建了全新的数字化办公平台。

全新的数字化办公平台，在架构、门户、流程、协同等方面进行了全面升级。该平台是蓝凌基于"云原生"技术研发而成的，其开发成本低，且稳定性更好；除此之外，平台在运行过程中不会占用太多的硬件资源，集成的微服务架构拥有灵活性和可编程性更好的优势，能够支撑企业系统的更新迭代。

通过数字化办公平台的建设，京博集团实现了多个业务系统的整合与统一，提高了企业信息管理的效率和安全性，同时也为员工提供了更高效的办公环境和跨系统、跨业务的办公流程。具体体现在以下几个方面。

第一，京博集团的数字化办公平台运用整合能力将170多个业务系统装入一个门户，通过统一用户、统一信息、统一业务入口等方式，支撑统一门户平台的构建。即使是拥有上万名员工的京博集团，也可在数字化办公平台的支持下，随时随地获取集团所有系统的数据，此外，高层管理人员可通过平台管理整个京博集团的系统信息。

对比升级之前的平台，京博数字化办公平台能够提供更高效、更安全的信息管理；京博数字化办公平台通过整合内部

170多个业务系统，使京博集团的员工能够在同一业务入口办理业务。

第二，京博集团的平台门户能够基于使用者的身份以及权限展示不同的主题；另外，蓝凌还为京博集团配置了集团门户、总裁工作台、员工工作台、导航门户等多种类型的门户，为集团员工提供随时随地办公的条件，且办公所产生的数据信息可同步至办公平台，让办公更高效。

第三，蓝凌将京博集团的上千个办公流程进行整合和固化。蓝凌将行政类、人力类、信息类等19类流程固化，将京博集团的内部流程从"1000+"整合成"500+"，通过跨系统串联，实现跨业务办理，助力京博集团实现更高效的集团化管控。

京博集团数字化办公平台上线后，不仅缩短了各门户的加载时间，提高了流程审批的效率，为京博集团提供了高效、便捷且安全的办公方式，还为京博集团的管理创新提供支持。

为了加强集团本部与子公司的业务联系，蓝凌对京博集团的协同办公应用也进行了优化。借助优化后的办公应用，京博集团可以跨部门、跨公司进行管理，实现了从集团本部到子公司的一体化管控。

其他数字化成果

数字化转型发展至今，除与蓝凌合作构建了全新的数字化办公平台外，京博集团还运用数字化技术规划官方网页，并通过打造一体化平台解决了业务办理效率低下、管理无法协调统一等问题，为其日后的发展奠定了坚实的基础。京博集团的具体做法如下。

关于网页数字化，京博集团先是与某厂商合作打造数字化官网页面。该厂商在京博集团原官网页面的基础上，对内容版块、动画、字符大小等进行调整，使整体页面看起来更具条理性和逻辑性。该厂商将各相关业务分门别类，并将处理过的企业信息作为重点内容突出显示，以引导用户进行浏览。如此一来，便能让用户快速且有效地了解京博集团的业务及实力。

关于打造一体化平台，为解决京博集团业务和管理流程繁复且效率低下的问题，西门子智能基础设施集团组建了涵盖各流程系统的一体化服务团队。在一体化服务团队的协助下，京博集团内部的业务及管理流程实现了统一协调、相互协同、反应迅速的效果；同时，在一体化平台的加持下，京博集团能够为客户提供更好的服务体验。

由于京博集团曾出现过因系统故障而导致集团产生损失的情况，因此，为防患于未然，京博集团采用了具备数据采集功能的智能设备。该设备运行稳定，不仅能收集数据，并将数据上传平台，还能在后台通过监控系统，结合历史数据进行分析，提前预测即将出现的故障，并发出警报提醒管理人员。

在数字化转型步入正轨后，京博集团因线上办公与阿里云展开合作，在阿里云旗下的钉钉部署京博集团的专属钉钉。在钉钉的部署上，京博集团在业务处理、交流沟通、协同办公等功能的基础上，以员工为中心，注重员工的使用体验，打造了安全、开放的数字化办公运营平台。

"组织数字化、业务数字化"的数字化办公运营平台，助力京博集团业务的发展和管理能力的提升。京博集团的员工运用钉钉，实现了跨区域、跨空间办公，提升了组织效能；同时，钉钉还支持混合云部署、数据私有化存储，进一步促进了京博集团的信息安全建设。

2021年，国务院发布《"十四五"数字经济发展规划》，大力推进数字产业化和产业数字化。借助这个契机，京博集团在进行数字化转型时，有了更大的容错空间，能更好地尝试不同方向的数字化转型方案。

鞍马犹未歇，战鼓又催征。展望未来，京博集团将数字化转型纳入了集团未来30年的发展动能转换规划。其将立足于"稳中求进，联融蜕变"，围绕高性能材料、高端化工品、高端装备和工业服务四大发展方向，为客户生产满意商品，为社会培养有益人才，为行业贡献可持续方案，为社会创造有益价值，为中国品牌走向世界贡献京博力量！

| 第十章 |

万华化学：开创"万华模式"，打响化工转型"第一枪"

> **导语** 化工新材料是新材料的重要组成部分，被广泛运用于国民经济和国防军工等众多领域，是我国化学工业体系中市场需求增长较快的领域之一。当前，我国化工新材料行业整体尚处于价值链的中低端。如何进一步缩小与行业先进水平之间的差距？如何协调企业内部的资源分配？如何突破资源瓶颈？如何增强用户黏性，突破行业发展瓶颈？如何提升企业的创新能力？这些都是身处化工新材料行业的公司所需要思考的问题。

第十章 万华化学：开创"万华模式"，打响化工转型"第一枪"

统筹管理难题

万华化学集团股份有限公司（以下简称"万华化学"），成立于1998年12月20日，总部位于山东烟台，前身是烟台万华聚氨酯股份有限公司，如今已成长为一家全球化运营的化工新材料公司。依托不断创新的核心技术、产业化装置及高效的运营模式，万华化学为客户提供更具竞争力的产品及解决方案，享有"中国巴斯夫"的行业美誉。

一路走来，万华化学在经营中始终坚持以科技创新为第一核心竞争力，持续优化产业结构，业务涵盖聚氨酯、石化、精细化学品、新兴材料四大产业集群，所服务的行业主要包括生活家居、运动休闲、汽车交通、建筑工业、电子电气、个人护理和绿色能源等。

随着万华化学的经营版图不断扩大，集团管理的难度也在不断增加，新的挑战也接踵而至。万华化学四大产业集群的业务广布全球，业务板块、地域以及国家的不同，使得集团向下进行统筹管理的难度大大增加。此外，随着集团的发展壮大，组织层级增多，不同业务板块间的协同效率有所下降。

面对复杂的形势和挑战，万华化学清楚地认识到：只有借助数字化工具与技术，充分运用信息化手段，才能有效解决协同、效率、管控等方面的问题；而企业，尤其是全球化运营的企业，只有拥抱数字经济时代，加快数字化转型，才能在变局与危局中破局、谋局、控局。

打造"万华模式"

信息化是支撑公司业务发展的重要力量，万华化学一直遵循"向数字要效率，以智能助扩张"的工作思路，努力打造具有万华特色的数字化转型新模式。

早在2008年，万华化学就开始了信息化、数字化建设，并实施了集团管控战略规划，提出了"创建安全、可靠、高效、统一的数字万华"的信息化建设使命，先后完成了企业资源计划系统、制造执行系统、客户关系管理系统、办公自动化系统等一系列信息化建设项目。通过一系列举措，万华化学实现了运营信息透明化，管理层也因此能快速了解生产运营过程中的情况，提高运营效率。

2008年，万华化学引入SAP公司的企业资源计划系统，开始了信息化和数字化建设。在经营中，万华化学发现原有的系统组织架构单一，不能灵活调整，很多问题都无法迅速得到响应，无法适应新的业务需求。因此，通过引入SAP公司的企业资源计划系统，万华化学对业务流程进行了深度优化，打造了集财务、营销、采购、生产、人事于一体的企业信息管理平台，明确了企业运营的所有关键环节，严控各项流程的生产成本和费用支出，全面提升了企业内部协同效率。

第十章 万华化学：开创"万华模式"，打响化工转型"第一枪"

2011 年，万华化学成功收购匈牙利宝思德化学，烟台、宁波以及珠海三地的工业园也顺利建成投产。万华化学紧紧抓住时代发展的机遇，一跃成为拥有装置近百套，业务涵盖聚氨酯、石化、精细化学品三大板块，经营范围拓展至全球的大型集团化公司。

在实践中，万华化学逐步形成了一条具有万华特色的数字化建设新路径和一套数字化法则。

在建设制造执行系统时，万华化学最初只是希望生产部门能够快速、实时地做出生产统计报表，但是通过实际调研，万华化学发现这一需求是暂时的，如果只是选择一款简单的报表软件来适配当前的需求，当有新的需求产生时，这款软件很快就会被淘汰。因此，万华化学选择了功能更加强大、适配性更强的制造执行系统。事实证明了这一选择的正确性，在制造执行系统的帮助下，数据采集与整合的效率和精确度都得到了显著提高，对于生产环节的监督也变得更加有效，大大减少了操作过程中的失误。

随着公司的进一步发展，既有的制造执行系统已经不能满足万华化学的生产需求了。2008 年，在建设宁波工业园时，万华化学开始进行制造执行系统的二次选型，与通用电气公司（GE）合作，联合打造了属于万华化学的 Proficy 平台。Proficy 平台具有生产计划管理和进度追踪、生产过程监视和控制、物料拉动和协同生产、产品追溯、质量管理和信息发布等功能。

Proficy 平台不仅满足了万华化学拓展应用、深化应用的需求，也使万华化学的两化深度融合[①]迈出了关键性的一步。根据集团对于信息化建设与工厂建设同步的要求，各个事业部以及海外基地都统一使用了 Proficy 平台，部署了制造执行系统的基本功能。此外，万华化学还对制造执行系统的功能进行了升级拓展。2016 年，万华化学新材料事业部的制造执行系统项目实现了从企业资源计划系统到制造执行系统，再从制造执行系统到企业资源计划系统的全流程闭环，未来还将进一步实现基于订单的全流程可视化。

在电商平台建设方面，万华化学的电商平台通过极简的流程设计、贴心的供应链服务，实现了从下单到发货"一站式"完成的目标，解决了"最后一公里"的客户体验问题，为客户提供安全、高效、友好的数字化交互方式。

在安全建设方面，借助云、5G 等新技术建成的万华全球 HSE[②] 信息化系统，覆盖万华化学的全球五大生产基地，能够帮助万华化学实现业务管理的智能化和高效化，为万华 HSE 管理的国际化、标准化、同质化提供全面支撑。

此外，万华化学还意识到，数字化转型只有统一领导、统筹推进，才能快速见效。2018 年，万华化学成立了集团信息化战略委员会，开始了数字化转型的探索与实践。在探索与实践的过程中，万华化学变革了以业务部门为需求来源和以项目

---

① 2008 年，万华化学提出"创建安全、可靠、高效、统一的数字万华"的信息化建设使命，明确了通过两化深度融合帮助企业创新商业模式、提高战略执行力、助推管理变革的信息化建设思路。

② HSE 是 health（健康）、safety（安全）、environment（环境）的缩写形式。

建设为主体的传统模式，建设以业务条线为维度的IT治理架构，通过组织变革保障数字化转型的有效推进。

经过十余年的建设，万华化学形成了以制造执行系统为核心的生产运营管理平台、以企业资源计划系统为核心的经营管理平台和以办公自动化系统为核心的协同办公平台，先后完成上百个帮助企业管理效率提升的信息化项目，有效支撑了公司的高速发展，助推企业管理模式落地，并为数字化转型打下了坚实的基础。同时，万华化学取得了显著成果，数字化平台全面更新为智能制造平台、经营管理平台、智慧决策平台、生态圈协作平台和协同办公平台，为国内企业数字化转型提供了典型样本。

当前，数字经济作为一种新的经济形态，正成为推动经济发展质量提升、效率变革、动力升级的重要驱动力，也是全球新一轮产业竞争的制高点和促进实体经济振兴、加快转型升级的新动能。在"十四五"规划纲要中，"加快数字化发展，建设数字中国"更是单列成篇，足可见国家对数字化发展的重视程度。

在"十四五"时期，万华化学将更加积极地拥抱数字化时代。2021年，万华化学启动了S4 HANA项目。万华化学以"业务驱动、价值导向、整体规划、分步实施、用户满意"为宗旨，从供应链、生产、营销、销售、客户服务，以及人力资源、财务等环节入手，全方位加快数字化转型布局。

为确保做好S4 HANA项目，SAP公司及万华化学内部都给予了项目高度的重视和支持。在经过长达两年的筹备期后，S4 HANA 项目共组织了 9 个子项目组，项目组成员超过 260 人；同时，明确了财务、营销、采购、生产、设备、工程、人事、技术等 8 个子项目，涵盖公司所有相关职能领域。各个子项目的组长由各个业务部的总经理担任，充分体现了万华化学对 S4 HANA 项目的高度重视。"输入的质量决定输出的成果"，S4 HANA 项目提供了一个全新机遇，项目组根据公司战略进行前瞻性设计，从而确保系统能够支撑公司在未来实现新的历史跨越。图 10-1 是万华化学 S4 HANA 项目图景。

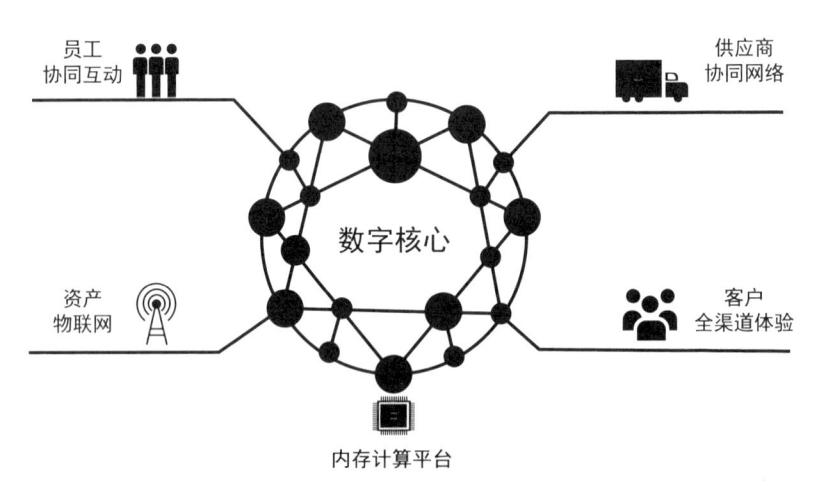

图 10-1　万华化学 S4 HANA 项目图景

第十章 万华化学：开创"万华模式"，打响化工转型"第一枪"

多重数字化助发展

数字经济时代，组织边界日渐模糊，共生型组织理念体现了生态建设的重要性。除了内部变革，万华化学积极与外部具有代表性的企业建立合作关系，探索数字化的更多可能性。

在园区网络运营和建设方面，2021年，万华化学携手华为，在办公网、生产网以及从单园区到多园区的全球一张网等领域深入合作，将云技术与人工智能技术相结合，真正实现把运维人员从单一重复性的工作中解脱出来。在未来的合作中，万华化学将继续借助华为的先进技术进行数字化转型，推动信息技术与化工行业的融合发展，提升产业链的安全性及竞争力。

在合同管理方面，企业合同管理的流程化、机制化、智能化，对企业来说至关重要。2021年，万华化学选择和蓝凌共同打造合同管理平台，用数字化手段赋能企业合同管理。合同管理平台能够帮助万华化学实现合同拟定、签约、审批、归档等环节的线上化，助力其更好地践行"化学，让生活更美好！"的使命。

在操作系统方面，万华化学选择与企业云计算领导者Nutanix[①]合作，搭建了全新的企业云操作系统，为公司未来大规模部署新业务、实现快速增长，发挥关键的支撑作用。

---

① Nutanix：路坦力公司，于2009年由Dheeraj Pandey、Mohit Aron和Ajeet Singh创立，总部位于美国加利福尼亚州圣何塞。

在"智能靠泊"系统方面,万华化学协同66云链等服务商在多地码头全面部署"智能靠泊"系统,率先进入智慧码头新时代。该系统依托物联网技术、算法模型等优化排泊方案,支持码头"靠离泊"智能调度,避免船舶集中到港,提升泊位利用率。系统上线后,通过支持在线提报船运计划、全量记录数据、智能优化排泊方案等方式,打破了各个业务端的信息壁垒,减少了人工排泊的工作量,极大地提高了船舶的靠泊效率,实现了码头的智慧化运行。

此外,万华化学与海尔、海信、匹克等诸多企业在创新实验、材料研发、生物降解等方面开展紧密合作,为企业数字化转型持续赋能。

站在新的历史起点上,万华化学制定了"2025年,进入全球化工10强,2030年成为具有全球一流竞争力的世界500强企业"的远景目标;同时,在"十四五"开局之年,万华化学提出了"坚定不移地推进国际化战略,做好海外渠道建设,积极推进桥头堡、生产基地和突击营地建设"的全球化发展思路。这对数字化提出了更新、更高、更紧迫的要求。为更好地承接公司战略,万华化学将数字化转型思路进一步向纵深推进,立足新阶段、把握新方向、锚定新目标。

按照"总体规划、分步实施"的原则,"智慧万华2025"战略分为两大阶段。

一是标准化和自动化阶段(2019—2022年):对标国际一流企业,基于全球化视角建立支持2000亿产值的科学的数据结构和组织架构，设计简洁、高效、标准的业务流程，确保业务合规，风险可控；实现主干业务流程端到端打通，打造的企业资源计划系统标准模板覆盖所有业务单元，形成完整的自动化业务流程体系，试点数字化创新应用。

二是数字化和智能化阶段（2023—2025年）：万华化学全球核心基地全面实现数字孪生，各业务领域全面数字化；构建面向全业务领域的数据湖，以支撑基于数字化的业务创新，提升用户体验；试点人工智能应用，在设备诊断、装置运行、供应链优化等方面实现局部智能化。

万华化学旨在通过"智慧万华2025"战略，实现从标准化向智能化转变，成为以智能制造、全球一体化管控、生态圈高效协作为主要特征的世界一流数字化企业，形成数字化竞争优势，打造安全、高效、体验良好的数字智慧万华。

察势者智，驭势者赢。未来，万华化学的数字化转型将紧紧围绕企业发展核心战略，运用数字化手段，增强万华化学应对重大风险的弹性与韧性，为万华化学的发展激发新活力、增添新动能！

| 第十一章 |

越秀地产：布局智慧办公，OA 系统助力地产企业向智能化迈进

> **导语** 地产行业同许多行业一样，其数字化转型经历了一个循序渐进的过程。如今的地产行业，已然从以前的"白银时代"进入了"黑铁时代"。在这种行业背景下，地产企业要如何找到自身的竞争优势，在行业寒冬中生存？

第十一章　越秀地产：布局智慧办公，OA系统助力地产企业向智能化迈进

经营模式与行业痛点的推动

成立于1983年的越秀地产，是中国跨国公司20强企业越秀集团旗下的地产业务旗舰品牌，亦是全国第一批成立的综合性房地产开发企业之一。在新时期，越秀地产顺应数字化转型趋势，与蓝凌、阿里云合作，引入OA系统，不断探索企业数字化办公的实践方法，积极推动企业数字化转型。越秀地产的数字化转型，能够折射出我国地产企业的数字化转型历程。

所谓地产数字化，是指地产企业通过自研或采购的数字化工具或优化方案，对房地产相关业务及内部运营进行流程优化和资源整合，进而实现降本增效的过程。而数字化办公是地产数字化的重要组成部分，它的主要目的是通过信息化或者数字化的工具来提高组织效能，使企业在人力成本整体可控的情况下，进一步提高人效。

尽管相较于过去，许多地产企业已经意识到数字化转型的重要性，但大部分公司只把OA系统当作一个内部沟通交流和知识沉淀的工具。目前，OA系统在地产行业的渗透率仅为60%～70%，还未达到普及的程度。

在这之中，头部企业的OA系统覆盖率相对较高，功能也更加完善，除了基本的审批、公告发布、考勤、财务和行政管

理功能，还有业务集成、人员考核等高级功能。但高级功能的渗透率也只有 3%～5%。因此，越秀地产的相关负责人认为，地产行业在提升数字化办公的人效方面还有非常大的提升空间。

越秀地产的前身是广州市城市建设开发总公司。自 1983 年成立以来，公司逐渐发展成为一家资产庞大、人数众多、地域分布广的大企业。截至 2021 年年底，公司总资产超过 3 000 亿元，总土地储备面积约为 2 800 万平方米，在职员工人数为 17 000 余人。规模庞大的组织架构和复杂的商业模式，给越秀地产的管理带来许多难题。越秀地产的数字化转型势在必行。

首先是业务升级的需要。越秀地产自成立至今，发挥"开发＋运营＋金融"高端商业模式的独特竞争优势，先后开发 200 多个高品质住宅项目，拥有包括广州国际金融中心在内的 40 多个优质商业物业。近年来，其又积极布局养老产业、长租公寓、城市更新、产业地产等新兴领域，与广东地铁合力开拓"地铁＋物业"TOD[①]模式。新的业务模式和多元化的业务渠道给越秀地产的业务运营带来不小的挑战。

其次是业务的地域分布范围较广。自 2009 年越秀地产开启全国化布局以来，其业务已扩张至全国近 20 个一线城市和强二线城市，形成了以粤港澳大湾区、长三角地区、中部地区、环渤海地区、西南地区为五大核心区域的业务发展格局，

---

① TOD，Transit Oriented Development，公交导向型发展。

如表 11-1 所示。业务分布在全国各地，给企业内部的管理工作增添了难度，许多业务流程需要花费更长的时间才能完成。

表 11-1 越秀地产的业务发展格局

地区	城市
环渤海地区	沈阳、青岛、济南、烟台
长三角地区	杭州、苏州
中部地区	郑州、长沙、武汉、襄阳
西南地区	成都
粤港澳大湾区	香港、广州、深圳、江门、佛山、中山

与此同时，越秀地产的管理层也看到了企业在管理方面的几大痛点。

第一，在过去，公司内部主要通过微信沟通，存在许多弊端，包括群成员昵称杂乱、群成员之间需要"加好友"才能互发消息；无法判断员工是否阅读了发到群里的通知；群文件7天失效，并且文件可以被随意转发，安全性无法得到保证。如果通过电子邮件传达信息，则容易出现重要信息被垃圾邮件淹没的情况。

第二，组织会议和培训难。越秀地产人员众多，地域分布广，组织会议和培训经常会遇到日程难协调、会议室紧张、视频会议花费高、参训局限多等问题。

第三，管理监督难以执行到位。例如：项目任务经过层层传递，不仅无法及时传达给基层员工，还容易造成信息缺失；此外，项目任务的反馈频率低，导致房地产项目任务的管理、监督等难度很大。

第四，文件协同困难。员工个人文件难共享，且不同员工有不同的偏好，不同员工做出来的文档版本不同，容易造成混乱。如果是需要多人协作完成的文档，也会出现串行作业[①]的情况。此外，文档的安全性无法得到保证，员工离职时资产也难以回收。

第五，企业数字化生态差。由于没有统一的数字化办公工具，员工需要下载多个企业App，并掌握这些App的操作。这些App的操作要求高、难度大，且多个App不能连接外部系统，无法实现数据共通。

由于以上痛点的存在，越秀地产管理层的指令经常无法及时传达给基层员工，基层员工的执行也难以到位。从管理者的角度而言，线上办公体验差，协调成本也很高，获得的支持也有限。而对于基层员工而言，由于办公工具的相对落后，他们所获得的信息经过层层传递容易失真，资源帮助少，学习机会也少，办公效率较低。

除此之外，从企业外部环境来看，地产客户的需求正在发

---

① 串行作业指的是多个人员按照特定顺序依次完成同一个任务或项目的过程。具体来说，在多人协作完成文档的情境下，如果每个人都需要在前一个人员完成之后才能开始自己的工作，那么就会形成串行作业。在这种情况下，如果前一个人员推迟了任务完成的时间，那么后面人员的进度也会受到影响，整个任务的进度也会受到影响。

生改变,市场环境的变化使客户在做选择时更加审慎,业务洽谈成功的概率也在降低。

以上种种因素,都在推动越秀地产进行数字化转型。那么企业要如何做数字化转型的规划呢?

"两擎双翼"数字化战略

越秀地产的管理层意识到,企业数字化转型,本质上还是业务的转型。转型的所有动作都是为企业业务优化这个目标服务的。作为一家房地产企业,越秀地产的业务类型多样,除了房地产开发、物业管理等传统业务,越秀地产还积极布局养老产业、长租公寓、城市更新、产业地产等新兴领域。

要想实现数据的智能化和流程的信息化,则要从企业的战略入手。为此,越秀地产提出了"两擎双翼"数字化战略,如图 11-1 所示。

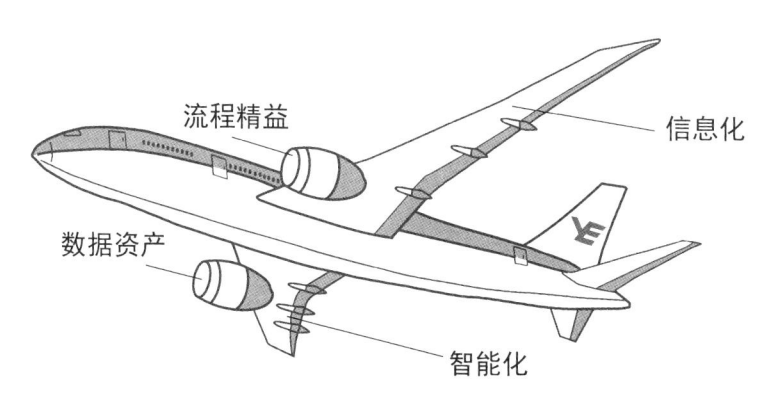

图 11-1 越秀地产"两擎双翼"数字化战略

在"两擎双翼"数字化战略中,"两擎"指的是"流程精益"和"数据资产","双翼"则是指"信息化"和"智能化"。

越秀地产通过整顿业务流程,打通从战略、计划,到执行、检视的所有环节,涉及房地产开发、配套、商业、物业、新业务(长租公寓、城市更新、养老)等几大业务领域,使公司业务链条和管理链条的信息全程数字化,规范了公司整体的运营制度。

与此同时,越秀地产以数据为核心,对公司内部的流程、应用、组织、技术、安全等方面进行全方位的规划,让数据为企业的管理和决策提供支持,并使业务决策更具灵活性,帮助公司实现高效运作的目标。

通过流程和数据的信息化、规范化和智能化,越秀地产实现了企业内部各系统的无缝集成,创造了一个一站式的任务处理系统,员工和用户使用统一的界面进行工作交流,洽谈业务,有效地提升了越秀地产的运营效率。

而在企业内部管理上,越秀地产将主要精力集中在数字化办公上。针对数字化办公,越秀地产认为,除了提高营业收入、降低成本,更重要的一点就是要提高人均效能。

对提升人均效能的目标做进一步拆解,则要考虑如何让员工愿意在线办公。一方面是要把日常工作搬到线上,另一方面则是要让领导习惯在线上考核、评价员工的绩效表现,为日常工作赋能,使全体员工养成在线办公的习惯。

在新冠疫情暴发之前,越秀地产关注的重点是提升效率,如线上办公能否提高办事效率，是否不用出差也能提升员工跨区域合作的沟通能力等。而在突发新冠疫情的形势下，线上办公的价值与效果更加明显。员工在家也能够通过数字化办公平台参与公司的线上培训和线上会议。越秀地产所有的重大会议、培训都会打通线上渠道。员工无论在哪，都能够正常推进相关工作。

OA系统与数字化平台

为了提升企业线上办公的效率，越秀地产制定了企业数字化升级的工作计划，该工作计划涵盖五大方面。

第一个是信息化。公司需要建设各种信息化系统，满足业务在线化的需求，业务领域包括房地产开发、物业服务、商业资管、财务、人力等。

第二个是智能化。信息化连接的是人，智能化连接的是物。越秀地产需要研究如何通过智能化提高公司产品的溢价水平和运营能力，并有效沉淀数据资产。

第三个是流程精益管理。越秀地产在审批流程、工作流程上，进行统筹标准化管理，实现提效和管控。

第四个是数据资产管理。经过信息化、数字化和智能化沉淀的数据，越秀地产要对其进行存储、传输、管理、建模、分析，并在此基础上为客户提供数据服务。企业需要形成一套以数据资产为核心的管理体系，用来解决"下情上达"方面存在的问题，把一线的情况反馈给公司管理层和决策层。

第五个是科技创新。由于企业数字化转型涉及科技资本的参与和科技实验室的培育，因此企业需要考虑科技与业务的融合问题。

在有了这样较为全面的数字化转型工作规划的基础上，越秀地产具体是如何推动数字化转型的呢？

OA系统作为数字化的工作平台，是数字化办公的重要组成部分。越秀地产与蓝凌等合作伙伴共创的"悦工作"智慧工作平台，将越秀地产的运营工作由"人找事"变为"事找人"，由"指令驱动"升级为"数据驱动"，打造了全链接、数字化、智慧化的移动集中业务处理中心，能够支持全体员工全面在线工作。

"我们所有的员工都有账号，可以通过'悦工作'智慧工作平台或者蓝凌的OA系统来激活。"越秀地产的相关管理者如此说道。

目前，越秀地产的数字化业务覆盖率已经超过99%。有些员工处于一线，平时很少上系统，但是激活率也达到了100%，整体月活跃度可以达到99.2%～99.5%。

但同时，很多工作人员也指出了目前企业数字化的缺陷："很多线下的工作和业务还不能实现完全的在线管理。"

为此，越秀地产的数字化办公也非常有针对性地围绕几项重点工作进行展开。

第一，在业务方面，越秀地产为了让数字化办公与业务紧密相连，要求所有业务系统必须与OA系统打通，实现入口的统一。员工在办理业务时，可以通过OA系统跳转到业务系统。这样做能够实现一键登录，有效避免了员工需要记住各种账户信息的问题。

第二，在数字化工具方面，越秀地产以工作为导向设计数字化工具。在定制"悦工作"智慧工作平台时，有些员工希望进入平台后首先可以看到业绩指标和统计分析报表；有些员工希望进入平台后能看到需审批的文件和日程；还有些员工希望看到新闻、通知、公告。基于这些需求，越秀地产就要对"悦工作"智慧工作平台的每一个业务入口进行适配，保证员工登录平台之后，事情会直接推送给员工，而不是由员工找事情做，即由"人找事"转变为"事找人"的模式。

第三，在工作效率方面，越秀地产则将关注的重点放在如何利用数字化工具提升工作效率上。工作效率的提升与流程关系密切，所以越秀地产强调员工在数字化平台上处理事务的效率、及时性和准确度。

"悦工作"智慧工作平台有一个重要的功能，就是知识管理功能，能够将企业知识传播给企业员工。自"悦工作"智慧工作平台推出以来，员工在该平台的日活跃度达到了70%，月活跃度达到95%。员工每天习惯性地在"悦工作"智慧工作平台上查看各类信息，例如各区域售楼信息，以及总部培训、新闻宣发、订阅号等模块的内容，以便了解公司的业务，促进营销指标的达成。作为越秀地产的移动集中业务处理中心，"悦工作"智慧工作平台发挥着连接团队、数据、知识、设备、业务和生态的企业功能,是越秀地产数字化办公的核心工具。"悦工作"智慧工作平台的主要功能如图 11-2 所示。

图 11-2 "悦工作"智慧工作平台

越秀地产借助数字化办公工具,解决了许多问题。

首先,在物业管理方面,在数字化工具的支持下,越秀地产的管家通过移动办公软件就能与业主沟通,业主也可以通过线上聊天工具直接与管家沟通,实现两边信息的互联。此外,借助数字化工具,管家能直接了解业主过往的报修、投诉情况,根据物业缴费情况、家庭人口、年龄分布、车辆等信息形成用户画像,从而更有针对性地与业主进行有效沟通,并提供更优质的服务。

其次,在销售场景方面,越秀地产有线上销售渠道,在销售人员与客户沟通时,"悦工作"智慧工作平台能够将与客户相关的后台数据直接推送给销售人员,为营销工作赋能。

再次,在内部设备维修、固定资产管理方面,越秀地产的工作人员每周都会进行物资盘点,工作人员通过数字化办公系统扫描设备码，就能知道具体的维修和保养信息。

最后一个是审批场景。员工在 OA 系统上发起请假、出差等申请之后，能够直接通过"悦工作"智慧工作平台，把在 OA 系统上发起的申请转换成一个事项，提醒领导加速审批，比过去手签和口头催办的方式更加高效。

关于自动化与深度学习的思考

时至今日，越秀地产的数字化转型取得了丰硕成果。通过"悦工作"智慧工作平台，越秀地产实现了数据中台的集成，使工作管理更加顺畅、高效；此外，知识管理、智慧会议、AI 助手和群协作等功能，能够提升员工的工作参与感和学习主动性，有利于企业的组织建设，如图 11-3 所示。但同时，其中一些问题也值得关注。

图 11-3 越秀地产数字化转型的成果

首先，越秀地产希望更多的组织工作能够实现自动化，不需要人员参与，从而让员工将更多的时间和精力放在一些需要思考和发挥能动性的工作上。对此，企业需要通过业务的深度整合，以及智能机械设备来解决。

其次，实现智能化。越秀地产希望通过深度学习技术，让智能系统代替人思考的部分，解决"老司机"[①]所面临的问题。越秀地产的许多员工虽然有工作经验，但是没有办法将这些经验进行很好的总结。深度学习能起到辅助决策的作用，降低人力成本，提升业务人员的投入产出比，此外，也可以在一定程度上解决一线人员招工难的问题。

结合越秀地产的实践，我们可以得到以下几个方面的启发。

首先，地产行业数字化程度相对较低，受到的关注度也不高，绝大多数从业者没有数字化办公的意识和习惯。

其次，关于深度学习的技术成熟度问题。很多新技术虽然在一些行业有充分应用，但是在实际工作中，比如投资测算、经营分析，产生的成功案例比较少，如果想获得地产行业的高质量数据，深度学习的技术成熟度还有待进一步提升。

最后，关于数据资产的沉淀。做数字化办公，需要有物料

---

① 这里的"老司机"是指经验丰富但不擅长总结和分享的员工。这些员工可能在岗位上工作多年，积累了丰富的经验和技能，但是他们不擅长总结和分享这些经验和技能。这导致了他们的知识难以被其他员工所共享，从而影响企业的经营效益。深度学习技术可以帮助企业解决"老司机"问题，将这些"老司机"的经验和技能转化为可供系统学习和使用的数据，提高业务人员的投入产出比，从而降低企业的人力成本。

来评判员工的工作情况，这些物料包括数据、文档等，而与这些物料相关的员工权责、评判流程都难以实现"线上化"。只有进一步提高地产行业上下游生态的数字化水平，才能提高数据的质量，从而让从业者摆脱一些不必要的流程。

打造线上生产平台

对于越秀地产的数字化未来，越秀地产内部也有一番规划。

一方面，越秀地产希望未来所有房地产的开发，从投资拿地、设计到工程招采、销售客服、物业和商业资管，整条线上的工作人员都能在线办公，相当于形成一个线上生产平台，而不是管控平台。另一方面，由于地产的利润已经大不如前，因此，越秀地产需要进一步降低内部管理成本。

为了实现数字化转型目标，越秀地产制定了一个五年期替换规划，即通过五年时间，对现有的数字化办公软件进行替换。

首先，越秀地产会评估目前的数字化办公软件是否能够满足企业的需求。如果需要替换，越秀地产会首先考虑用国产数字化办公软件，逐步替换外国产品。其次，越秀地产考虑的是数字化办公软件是否能够融入整个越秀地产的技术框架。无法满足要求的数字化办公软件也会被逐步替换。最后，越秀地产还会关注合作伙伴的经营战略方向与越秀地产的方向是否一致。如果不一致，越秀地产也会考虑替换。

当前中国数字化办公分群经营[①]现象明显，中大型企业更多地依赖于自身系统的建设，比如自建 OA 系统，所以中大型企业的整个数字化架构还是相对传统的。随着数字化转型的深入，传统的数字化架构也会不断升级，以适应企业新的需求。

作为一个集可控性、协同性、知识性、成长性于一体的线上办公平台，OA 系统所擅长的工作不是线下的"人"能够轻松胜任的。不论是企业资源计划系统、客户关系管理系统，还是其他系统，都需要通过 OA 系统进行整合。

越秀地产表示，希望未来 OA 系统能够发展成一个相当于行政中枢的平台级产品，OA 系统的业务能力不需要很强，但它需要具备很强的技术融合能力。

与此同时，企业内部希望 OA 系统能提升自身的服务属性。譬如，整合"悦工作"智慧工作平台的功能，简化数据对接流程，让员工养成线上办公的习惯，使企业员工的工作效率得到进一步的提升。

新一代的"越秀人"憧憬着，在未来，OA 系统能够成为一个更加开放、更加有效的数字化办公平台，服务于企业、员工和客户。

[①] 分群经营描述的是我国企业在数字化办公方面的现状，即小型企业和部分中型企业倾向于采用第三方数字化办公平台，而中大型企业更多地依赖于自身系统的建设，采用传统的数字化架构。这种现象导致企业在数字化办公方面存在不同的应用场景、不同的系统和工具，形成了一种分散的局面。

也许在不远的将来，我们能够看见越秀地产与 OA 系统实现更为深度的融合，有越来越多的"越秀人"通过数字化办公，将越秀地产的业务拓展到五湖四海，影响更多的人。

| 第十二章 |

中交四航院：构筑数字化体系，赋能智慧院所新发展

导语 工程勘察设计行业是我国经济发展的基础行业，也是国民经济的重要物质生产环节，与整个国家经济的发展和人民生活的改善有着密切的关系。自改革开放以来的中国发展史，也是中国企业和中国基础设施建设逐步国际化的历史。四十多年来，中国城市基础设施建设已经取得了巨大的成就和长足的进步，但与城市发展和人们的需求相比，仍然相对落后。伴随着数字经济的蓬勃发展、数字技术的快速发展、相关政策的大力推动，数字化转型也已成为工程勘察设计行业的必然趋势。在新阶段，中交四航院是如何通过数字化转型解决问题，实现跨越式发展的呢？

第十二章　中交四航院：构筑数字化体系，赋能智慧院所新发展

知识化、数字化

物联网、大数据、云计算以及人工智能等新一代信息技术正加速向工业领域融合渗透，全国各大企业纷纷试水数字化、智能化建设和转型，大有"百舸争流""千帆竞发"之势。作为工程勘察设计行业的代表，中交第四航务工程勘察设计院有限公司对于数字化转型早有谋划。

中交第四航务工程勘察设计院有限公司（以下简称"中交四航院"）创建于1964年，是中国交通建设股份有限公司（以下简称"中交集团"）的全资二级子公司。作为中交集团的五大水运设计院之一，中交四航院是国内最早一批，也是华南首家工程勘察、设计双综合的甲级设计院，已获得"高新技术企业"认证。

一路走来，中交四航院一直以"交通与城市基础设施一站式综合技术服务商"为目标，以"立足主业，相关多元"为发展思路，业务领域由传统水运拓展至市政、公路、建筑、机场、核电等多个交通与城市基础设施相关领域，产业链条由传统勘察设计延伸至投资融资、咨询规划、设计建造、管理运营全过程，业务足迹由华南地区拓展至全球100多个国家和地区。

中交四航院的信息化建设最早可追溯到2002年。起初，

公司开发了 OA 系统，在自动化办公方面，初步实现了公文收发、资产与人事信息管理、内部邮件、信息发布等功能。

2005 年，为响应公司战略规划，满足发展需求，中交四航院又决定将信息化建设逐步扩大到工程项目管理，实现各个生产环节的闭环管理。为此，公司开始研发新系统，并于 2006 年上线了新的综合信息管理系统。在新的综合信息管理系统的助力下，公司成功实现了从项目前期（包括经营管理、客户管理、合同管理等），到项目中期（包括项目策划、协同设计、线上校审、设计变更、质量控制等），再到项目后期（包括归档管理、成果出版等）的全过程管理。由此，综合信息管理系统成为公司最核心的业务系统。

随着公司总承包业务的发展，公司对项目管理信息化工作也提出了新的需求。2013 年，中交四航院立项开发了总承包项目分布式信息管理系统。通过系统建设，公司实现了总承包项目部现场办公管理和总承包项目文档管理、进度管理、采购管理、HSE 管理[1]、质量管理，以及与采购、施工分包相关的审批流程管理。

2018 年，为进一步加强公司知识管理，提高中交四航院的知识积累、创造、运用、保护和管理能力，提升公司的核心竞争力，公司启动了知识管理系统建设，建设内容包含"四库

---

[1] HSE 管理是一种事前通过识别与评价，确定在活动中可能存在的危害及后果的严重性，从而采取有效的防范手段、控制措施和应急预案来防止事故的发生或把风险降到最低程度，以减少人员伤害、财产损失和环境污染的有效管理方法。

一平台"：知识库、项目库、专家库、问答库，以及四航院知识平台。2019年4月，知识管理系统正式上线试用。

在数字化转型方面，中交四航院一直坚持"全面规划、试点突破"的工作方针，综合运用制度、激励、技术及管理等手段，制定整体规划方案，重点完善已有场景，健全管理体制，加强运营推广，采取试点的方式设计知识场景，并考虑将知识管理融入门户规划之中，切实提高知识利用效率，提升知识管理能力，充分发挥示范作用，持续激发企业知识活力和内生动力。

多领域、多阶段开展港口数字化应用研究

为响应中交集团大力开展BIM[①]技术研究与应用的要求，中交四航院于2016年组建了"港口工程BIM协同设计研究工作组"，集中各专业技术力量开展公司主营港口业务的BIM协同设计应用研究。这一举措很快让各专业的精英团结起来，推动中交四航院BIM中心的研究工作不断向前发展。

经过七年的努力，中交四航院形成了以水运工程数字化技术应用为龙头，带动市政、路桥、工业与民用建筑、化工等多领域全面发展的良好局面，并在包含规划、设计、施工、运维等环节的工程建设全生命周期内实现了BIM技术的深化应用。

---

① BIM，英文全称是Building Information Model，意为建筑信息模型。其是一种数据化管理工具，主要用于工程设计、工程建造及工程管理。

此外，中交四航院还总结了一套行之有效的建设经验。

全球视野、统筹规划，为公司数字化技术的创新和升级凝心聚力

在多年的研究与探索中，"港口工程 BIM 协同设计研究工作组"的团队成员紧跟前沿科技，不断提升专业技术能力，秉持"走出去，请进来"的原则，多次参加线上线下培训，与国内外专家学者进行交流，学习经验。团队在短期内攻克了诸多技术难题，开展了包括 BIM 技术在内的诸多数字化技术研究与推广工作，并将这些数字化技术应用在生产项目中，逐步形成了集生产、科研、开发、培训于一体的多元化发展局面。

团队长期致力于工程数字化先进技术的研究与应用，在基础设施建设领域全面融合互联网、物联网、云计算、大数据等现代信息技术，加快传统产业的数字化、智能化升级。截至2022年10月，团队已累计获得发明专利8项、实用新型专利30项、软件著作权13项，发表科技论文32篇，展现了团队整体的技术能力和创新活力。

攻坚克难、勇于担当，为工程数字化业务的多元化发展创造条件

科技助力主业发展。近年来，中交四航院的数字化业务发展迅猛，团队已助力百余项设计项目或大型 EPC[①] 项目落地实

---

① EPC，英文全称是 Engineering-Procurement-Construction，指承包方受业主委托，按照合同约定对工程建设项目的设计、采购、施工等实行全过程或若干阶段的总承包。

施，涉及港口航道、填海造地、化工数字化交付、市政道路桥梁、勘察测量、工业与民用建筑等多个领域，积累了丰富的工程数字化经验。

厚积薄发开展科研。团队充分依托中交四航院科学技术与数字化部的科技研发带头优势，与业主单位建立产研结合的合作机制，并以此为纽带，与业主单位拓展延伸数字化和信息化技术的融合，现已应用于汕头塔岗围市政工程、喀麦隆克里比深水港二期工程等项目。在为公司带来经济效益的同时，团队也形成了丰富的科研成果和知识产权，为公司开展更深层次的技术研发打下基础。

独立自主软件研发。经过多年的技术积累，公司自主研发了港口工程数字化勘察设计集成系统，涵盖工程地质、岩土分析、航道设计与结构三维配筋等模块，在部分生产项目中实现了国产化替代，并已逐步实现了软件的商业化销售，为水运行业的工程数字化转型提供了方案。同时，针对各类基础设施建设工程的特点和业主需求，公司研发了施工管控平台、数字孪生内涝预警系统等，助力行业发展。

数字化交付优势渐显。公司与多家石化行业业主单位、总体院合作密切，对数字化交付的概念、内容、标准、交付流程、平台技术架构及相应的管理要求等有深刻的理解，已形成一套系统性的数字化交付方案，为行业同类项目的数字化交付提供技术指引。

信息化集成融合发展。公司从自身信息化建设出发，自主建设 PB 级、多层次、分布式网络存储系统，实现海量数据的高效存储与容灾备份；自主建设千核级大规模分布式超级计算系统，为无人机勘察、海量数据融合、高精度全球水文预报等业务提供强有力的基础算力支撑。

助力行业技术培训。公司依托数字化培训中心多次开展大型数字化培训活动，致力于打造水运行业工程数字化技术培训品牌，推动数字化技术在行业内的应用落地。公司与广东省工程勘察设计行业协会联合承办 BIM 技术培训班。以 BIM 技术培训为纽带，公司应学校邀请为学生提供 BIM 技术培训及辅导，并受邀为行业相关企业提供 BIM 技术咨询及培训业务，助推行业发展。

校企合作不忘初心。公司本着"互惠互利、优势互补、长期合作、共同发展"的原则，联合各大院校积极开展 BIM 相关课题申报与研究，联合广东水利电力职业技术学院开展 BIM 专项技术应用研究，联合天津大学开展基于 BIM 技术的重力式码头施工虚拟仿真研究，联合河海大学举办 BIM 培训，联合浙江水利水电学院开设远程 BIM 教学课程并提供课程设计指导，在校企合作项目中取得了诸多成果。

内外联动、开放合作，提高中交四航院数字化技术的硬实力和行业影响力

团队自成立以来，依托各类工程项目的 BIM 应用成果参加国内外 BIM 大赛，累计获奖百余项，公司 BIM 应用水平得到了业内的广泛认可。其中，公司连续两年荣获中国勘察设计协会最佳 BIM 应用企业，同时也荣获型建香港最佳 BIM 市政设计企业、广东省 BIM 应用示范单位等荣誉称号，并多次受邀在龙图杯、市政杯、智水杯、智建中国等 BIM 大赛的论坛峰会上做主题报告，提高了公司数字化技术的行业影响力。

近年来，公司积极寻找与行业协会、工会、高校等在培训和竞赛方面的合作契机，与广东省工程勘察设计行业协会等单位联合举办水运 BIM 专项培训，与广东省海员工会联合举办"科技先导，建功'十四五'" BIM 技术应用技能竞赛，协助河海大学举办基础设施数字化转型研讨会等，与天津大学、河海大学、广东水利电力职业技术学院、浙江水利水电学院等高校建立了良好的校企合作机制，提升了公司的知名度和影响力。

同时，公司挂牌中交集团工程软件技术研发分中心和中交集团水运工程 BIM 分中心，BIM 技术实力和软件研发水平得到了集团的充分肯定。公司自主研发的 HIDAS 配筋软件和港口工程铺面设计软件已进行商业化销售，获得了客户的广泛好评。公司研发的自动化集装箱码头 VR 沉浸式交互体验模型，先后受邀参加 2018 年的粤港澳大湾区港口工匠技能交流营、2021 年的中国西部国际投资贸易洽谈会、2022 年的第五届数字中国建设峰会，得到了中央电视台、人民日报等主流新闻媒体的报道，提高了公司的行业影响力。

"十库一平台",赋予高质量发展新动能

知识经济时代,知识管理显得尤为重要。当前,企业间的竞争愈演愈烈,企业更需要充分利用已有的知识开发新知识、新技术,用知识驱动创新,从而保持市场竞争力。

中交四航院建院将近60年,数千个项目遍及全球50多个国家和地区。虽然已经在2019年建成了"四库一平台",但在管理上还存在诸多不足。比如,多年来产生的海量知识资产依然未得到体系化管理,搜索和使用都很不方便;专家智囊团的知识和经验还没有得到深入挖掘和开发,隐性知识没有发挥出应有的价值;知识库不能及时推送给新员工;项目成果不能得到快速回收和分析;等等。中交四航院迫切需要一个新的知识管理系统。

为此,基于业内领先的知识理念与勘察行业知识管理的成功实践,中交四航院选择与蓝凌合作,共同打造一个敏捷高效的知识管理系统,满足了中交四航院在数字经济时代的业务发展需求。

新的知识管理系统,主要有如下几大亮点。

第一,实时推送,知识随取随用。该系统搭建了企业内部统一的知识门户,具有多种功能,比如关键词查找、新知识第一时间推送、热门知识排行、知识地图索引等,员工可以根据自身需求,随查随得,随取随用,不断提升自己。

第二,建成"十库一平台",让知识资产不断增值。在原

有的"四库一平台"基础上，通过蓝凌知识管理咨询团队、知识平台开发团队以及公司各职能部门和各业务部门同事的共同努力，中交四航院建立了完善的知识管理组织体系和知识分类体系，建成了"十库一平台"：职能管理库、规章制度库、培训考证库、生产指引库、经验教训库、外部知识库、科研创优库、软件学习库、项目库、专家库和知识共享平台。截至2022年7月，"十库一平台"已积累了23万多个知识文档，近400个知识地图，1万多个项目，220名专家。新的知识管理系统，让中交四航院的知识成果得到更加科学、有序、统一的管理，全面促进了知识的积累和共享，大大提升了知识的资产价值。

第三，专家问答，众智助力业务难题快解决。作为典型的知识型组织，中交四航院大量的项目经验沉淀在各类专家的大脑中，专家库能够梳理专家资源，方便对接业务需求，让专家积累多年的经验价值最大化。问答库则汇集了公司对于常见问题、关键问题的解答，为项目顺利推进提供有力保障。

第四，知识运营，灵活打造高效学习型组织。新的知识管理系统通过运营推动知识"消费"，让中交四航院的员工喜欢用、用得多、用得好。在员工使用过程中，系统还会综合利用知识积分、贡献排行、勋章授予等多种形式营造知识共享的氛围，进一步打造更高效的学习型组织。

中交四航院总工程师卢永昌表示，在公司整体的数字化转型规划中，以技术创新为驱动，以信息技术为纽带，立足集团全球化视野和具有全球竞争力的世界一流企业标准，紧跟集团"三重两大两优"①经营策略，对标国内外先进经验，以全领域、全要素、全生命周期为目标，带动公司管理和技术的全面升级，推动公司向数字化、智能化转型，建设"数智四航院"，为公司高质量发展提供强有力支撑。

---

① "三重两大两优"是中交集团的经营策略，其中"三重"指聚焦重点项目、重要区域、重大市场，"两大"指大交通、大城市，"两优"指优先海外、优先江河湖海。

| 第十三章 |

TCL：搭建智慧工厂，开启制造型企业的全球化之路

导语 Markets and Markets 发布的研究报告显示，2021年全球智能制造市场规模为 887 亿美元，预计在 2022 年至 2027 年将以 18.5% 的复合年均增长率持续增长，到 2027 年将达到 2282 亿美元。当前，在数字化浪潮下，中国企业步入发展快车道，越来越多的企业正在进行数字化转型，希望通过数字化转型来提升企业的竞争力。然而，传统制造型企业的数字化转型应该怎么做？企业在数字化转型的过程中会遇到哪些问题？这些问题又该如何解决？上述问题困扰着诸多尚处在数字化转型探索期的企业。

第十三章 TCL：搭建智慧工厂，开启制造型企业的全球化之路

走在时代前沿的中国品牌

说起"TCL"，很多人最先想到的可能是电视、空调、冰箱和洗衣机等家电产品。TCL是全国著名制造型企业，在第三方的数据评估中，其被列为电视机制造领域的龙头企业。比如，TCL实业在2022年中国品牌价值榜上排名第七，如表13-1所示。

表13-1 2022年中国品牌价值榜前十名

单位：亿元

序号	公司名称	品牌	品牌价值	主要业务
1	海尔集团公司	海尔	4161.26	物联网生态
2	阿里巴巴集团控股有限公司	阿里巴巴	3782.83	互联网
3	四川省宜宾五粮液集团有限公司	五粮液	3669.22	白酒制造
4	腾讯控股有限公司	腾讯	2266.86	互联网
5	美的集团股份有限公司	美的	1537.56	家用电器
6	贵州茅台酒股份有限公司	茅台	1519.81	白酒制造
7	联想集团有限公司	联想	1451.83	电子计算机
8	TCL实业控股股份有限公司	TCL	1276.68	电视机
9	北京京东世纪贸易有限公司	京东	1196.69	互联网

续表

序号	公司名称	品牌	品牌价值	主要业务
10	中国第一汽车集团有限公司	中国一汽	919.87	汽车制造

资料来源：睿富全球排行榜资讯集团有限公司、北京名牌资产评估有限公司

TCL创立于1981年，总部位于广东惠州，至今已有40余年的发展历史，是老百姓心中当之无愧的"老品牌"。

TCL之所以能在众多制造业企业中占据头部位置，首先得益于企业具有前瞻性的战略布局。

2021年，TCL创始人、董事长李东生在公司的40周年庆典上，将TCL 40年的发展历史分为四个阶段。

第一个阶段是TCL"抢占先机，敢想敢闯"的十年。在这一阶段，TCL的前身——TTK家庭电器有限公司成立，是中国首批13家中外合资企业之一。1985年，TCL通讯设备有限公司成立，正式启用TCL品牌。

第二个阶段是TCL"建立现代企业体系，实行多元化战略的十年"。这一阶段，TCL完成了体制改革，建立了现代企业制度，形成了TCL的企业文化和价值观，并将业务拓展到手机、电脑、家电等领域。1999年，TCL王牌彩电销量位居全国第一，2001年TCL手机在国产品牌里销量全国第一，TCL顺利跻身中国电子企业前十名。

第三个阶段，TCL开始"走出去"，布局国际市场。2004年，TCL并购了汤姆逊彩电业务和阿尔卡特手机业务，成功将

业务拓展到海外市场。

除了打开海外市场，TCL 在国内市场的"战绩"也同样显著。2004 年 1 月 30 日，TCL 集团在深圳证券交易所成功上市。同年 9 月 27 日，TCL 通讯科技控股有限公司在香港联交所上市。2011 年 2 月 22 日，TCL 通讯科技控股有限公司收购萨基姆移动电话研发（宁波）有限公司，成立 TCL 通讯宁波研发中心。

第四个阶段，TCL 顺利完成了 TCL 华星的建设和对天津中环的收购。同时，TCL 还实现了从传统制造业向高科技产业的转型和跨越。

而关于 TCL 的数字化转型，还要从第三个阶段的企业危机说起。

"三步走"应对危机

2004 年，TCL 并购汤姆逊彩电业务和阿尔卡特手机业务，这让 TCL 成功打开了国际市场，名噪一时，被视为中国企业国际化并购的先锋，但由于彩电市场环境变化以及文化差异等因素，TCL 并购汤姆逊彩电业务的实际效果并未达到预期，反而将 TCL 拖进亏损的泥沼之中。

2005 年和 2006 年是 TCL 连续亏损的两年。2007 年，TCL 股票被实施退市风险警示。史无前例的经营危机赫然出现在 TCL 面前。

在这种情况下，TCL开始调整战略，以应对经营危机。

第一步：数字化探索。早在2006年，TCL董事长李东生就提出建设"数字化学习港"的建议，推动国家建设学习型社会。为了实现"成为学习型组织、数字化学习型企业"的目标，2006年7月，TCL集团承接了教育部"数字化学习港"教改项目典型应用示范学习中心建设与示范任务。

2007年，TCL示范学习中心的建设，得到了教育部检查专家组的一致好评，专家认为TCL企业数字化学习港初步探索了根据企业培训目标和岗位能力模型建立的"以工作绩效为中心"的混合学习模式，并逐步将数字化学习培训资源和全新的服务模式运用到人力资源培训中，为建设数字化学习型企业提供了样本。

第二步：整顿业务。从2005年开始，TCL对非核心业务进行剥离，将其控股的TCL楼宇科技（惠州）有限公司、TCL国际电工（惠州）有限公司转让给法国罗格朗集团。2007年，TCL集团将TCL电脑科技有限公司82%的股权出售给了一家投资公司。经过一系列的调整、重组，2009年，TCL启动华星光电项目，迎来了快速发展期。

第三步：搭建"智慧工厂"。TCL以数字化转型为抓手，搭建"智慧工厂"。

TCL董事长李东生在谈数字革命时说道，"企业数字化是大势所趋"。企业数字化转型要实现从自动化向智能化转变，建立数字化工厂和数字化的、高效的、全球性的供应链和业务管理体系。

李东生认为，当前从中国本土的角度来讲，人力成本正在上升，提高生产率是所有企业在应对竞争时所必须采取的举措；从全球业务的角度来讲，一个更大的数据网络，有助于提高整个供应链的效率和市场反应速度。

此外，从TCL的实践来看，借助这几年快速发展的大数据、云计算等技术，TCL摆脱了以往靠经验、靠人的分析来做决策的模式，TCL的管理团队现在可以借助大数据系统来做相应的业务决策。

除了自身的努力，TCL还积极寻求与外部企业的合作，与产业链上的优秀企业保持良好的合作关系，探索数字化转型的更多可能性。

引进集团型协同管理平台和智能合同管理平台

2012年，TCL与蓝凌合作，引进了集团型协同管理平台。

2016年，TCL多媒体科技控股有限公司在蓝凌大中型组织一体化办公平台的基础上，和蓝凌共同打造敏捷、高效的办公自动化系统。这次合作，在蓝凌EKP系统的基础上，TCL多媒体重新规划并统一了其办公系统，满足了各类事务的协作需求。

2020年，TCL科技又和蓝凌以合同全生命周期管理为重点，上线了新的系统，并将其推广到众多下属单位。目前，新系统涵盖合同签订、履约、验收及归档等环节，具备强大的在线化、规范化、统一化管理功能，如图 13-1 所示。

流程管理，跑出业务流程新速度

2011 年，TCL 为提升产品、管理、生态等领域的效率，携手蓝凌开始构建办公自动化系统，建成了电子审批流程系统，该系统具有日常行政事务审批、信息发布等功能。

2013 年，通过跨系统业务整合，TCL 对核心业务进行整合，将办公自动化系统打造成工作流集成平台，提升业务审批效率。2016 年，TCL 开始关注组织及个体产能，逐步完善以员工为中心的管理平台，提供知识管理、移动办公、协同工作、实时沟通、共享服务中心等服务。同时，基于蓝凌 MK 数智化工作平台进行数字化基础平台改造，20 天完成技术换底，建设了面向数万员工用户的统一流程平台（如图 13-2 所示），深化了业务流程数字化应用。

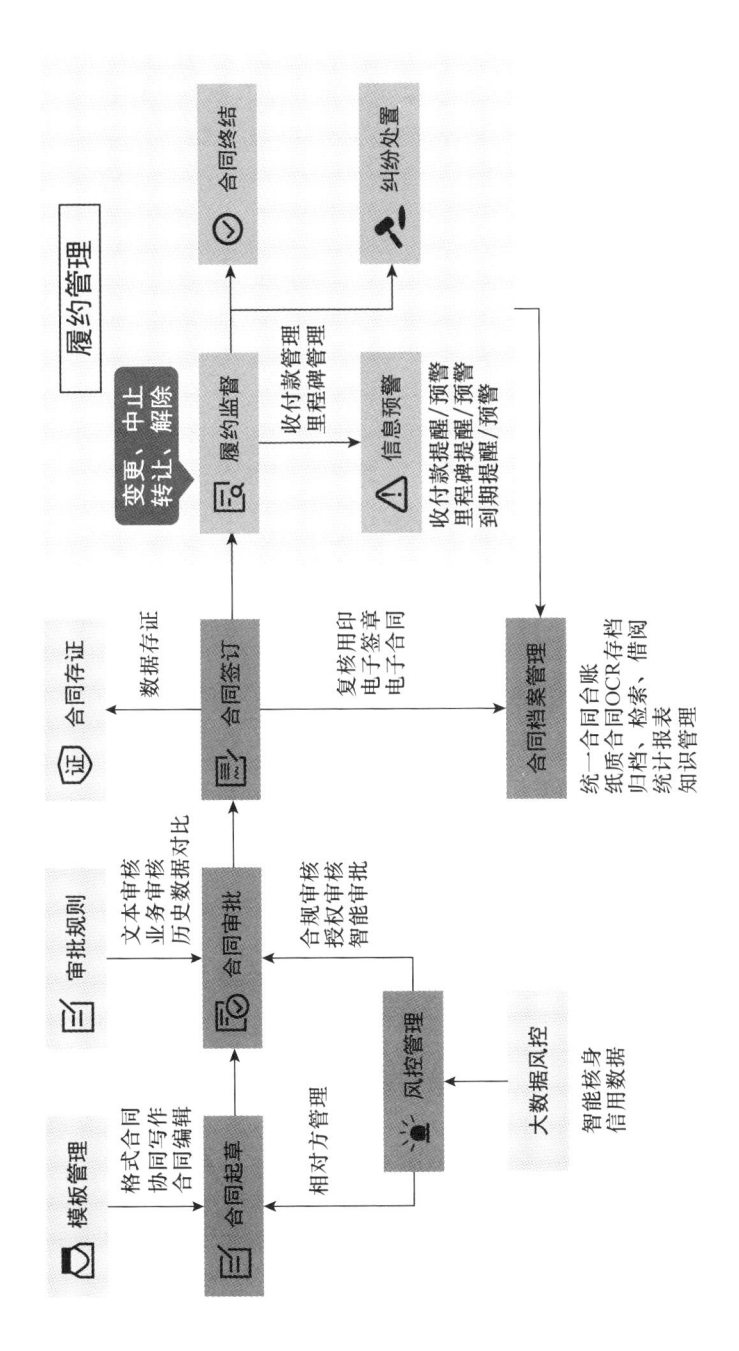

第十三章　TCL：搭建智慧工厂，开启制造型企业的全球化之路

图 13-1　蓝凌为 TCL 科技打造的全新智能合同管理系统

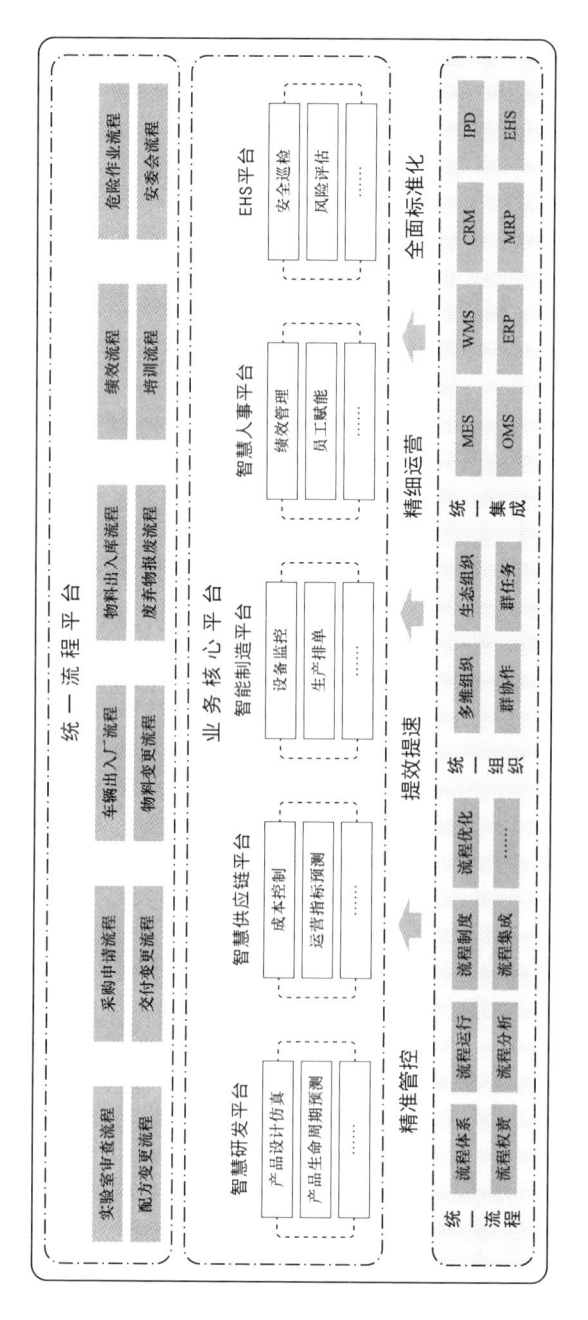

图 13-2 基于蓝凌 MK 数智化工作平台改造的统一流程平台

全新的统一流程平台,支撑公司多地域研发、生产和运营数据共享、流程优化、协同提效,加快研发进程,强化上下游质量控制与监控能力,降本增效。

该统一流程平台通过研发质量控制、过程质量控制、检验把关、供应商质量管理等流程管控措施持续改善,实现了精益管理与质量的提高;从产品开发、接单、生产到出货各环节的信息透明化,审批流程高效,快速满足客户需求,缩短交货期,提升了组织内外协同效率。此外,该统一流程平台还能助力智能制造流程不断优化,为企业的生产运营保持行业领先地位提供强劲支撑。

数字化转型十大成果

经过十多年的建设,TCL 的数字化成果显著。以 TCL 华星为例,数字化转型主要取得如下成果。

机器人流程自动化:自动处理和储存数据,让工作事半功倍

机器人流程自动化是以软件机器人及人工智能为基础的业务过程自动化技术。作为一种应用程序,它能模拟工作人员的操作方式,使符合某些标准的基于桌面的业务流程和工作流程实现自动化。机器人流程自动化模拟的操作一般是重复的、数量较多的,并可通过严格的规则和结果来定义,例如捕获信息、处理事务、操作数据、触发响应或自动生产报表等。通过应用程序代替人工的重复性工作，TCL华星实现了手动操作流程的自动化。

TCL数智平台：统一数智应用门户

TCL数智平台运用格创开发的低代码开发平台及TCL华星大数据平台，能快速迭代数据，快速创建能够满足不同业务单元需求的应用，实现数据收集、分析和传输的自动化、智能化，灵活配置系统。

用户可以根据自己的需求创建个性化应用界面，快速呈现业务单位想要的结果。该平台可以应用在生产健康度管理、生产辅助控制、生产运营成本核算及费用核算等领域。

TCL数智平台一期建成后，技术人员结合业务痛点开发了数字化生产管理、维修付费管理、生产物料管理及实验管理四大应用，大大提高了工作效率和智能化水平。

iSPC：实现生产数据一键查询

iSPC是高效良率系统以及SPC Defect监控系统的统称。该系统能够实现良率异常自动预测检知、异常设备自动禁止运行、异常产品锁定，使日常分析监控可视化、自动化、智能化，弥补人员分析时效性不强和可能遗漏的不足，让工程师专注于异常解析及良率改善，总厂、分厂良率实现一站式查询，告别多系统、报表来回查询带来的时间及人力浪费，减少错误。

系统还提供多维度异常分析方法，设备集中性分析时间可从 4 小时缩短至几秒；实时动态看板和自动告警推送功能能够使管理层及时了解生产运行状况，快速决策。

自动缺陷分类系统：实现面板缺陷识别和分类"快准狠"

应用深度学习和人工智能技术研发的自动缺陷分类系统，可让机器在检测缺陷的同时对缺陷进行精准分类，从而指导后续生产。

公司面板的生产缺陷种类大概有 150 种，且每种缺陷的表现形态千差万别，自动缺陷分类系统可以利用图像识别技术对 AOI[①] 锁定的缺陷进行判定和分类，实现产品的缺陷自动识别、自动修补、自动判别，解放人力、提高效率、提升品质。TCL 华星的自动缺陷分类系统是业界最早导入且应用最广的系统，已在位于深圳的 T1、T2、T6 产线全面上线，实现生产线智能化。

海量数据分析建模，有效提高预测分析能力

大数据平台对接上 TCL 华星 Hadoop 数据分析平台后，能够对大量的生产数据进行在线快速分析。

---

① AOI 是 automated optical inspection 的简称，意为自动光学检查。

大数据平台部署了多因子分析及虚拟量测应用。多因子分析是致力于提供便捷的、可视化的、面向工业现场的多因子敏捷数据分析自助式工具，能够提供数据认知、数据分析、数据建模、模型管理、工程管理等一站式服务。虚拟量测应用是一种基于计算机模型和仿真技术的工程应用方法，旨在模拟和预测实际物理系统的性能。虚拟量测应用可以在产品设计、测试和制造等过程中发挥重要作用，从而缩短产品开发周期、降低成本并提高产品质量。相较而言，多因子分析实现了生产数据的一站式自助分析，虚拟量测应用则实现了一站式模型建立、上线、更新的功能。

故障检测与分类系统：提高设备预防检测能力

故障检测与分类系统提供了建立设备运行基准的能力，以及通过将当前设备运行情况与基准比较，预测故障发生或确定问题根本原因的能力。

故障检测与分类系统通过高频收集设备生产的实时数据的方式建立有效的监控模型，从而实现对设备的健康状态进行实时监控的目的，具有提前预测和即时报警的功能，提供主动且快速的反馈，降低产品、工艺事故的发生率，能为根本原因分析提供大量数据支撑，提高对制程的管控能力，从而获得高效的设备管理能力。

TCL华星智慧能源管理系统：助力节能降耗、智能环保，打造能源能耗行业标杆

TCL华星智慧能源管理系统是一个全新的能源管理平台，其在公司原有能源管理模式的基础上，结合数字技术，对公司关键能源能耗指标以可视化的方式进行实时监控、分析和处理。

该系统能够提高公司运营管理决策的效率。公司高层管理者及各业务主管可通过实时、动态的信息及时了解企业用能情况，对关键数据进行宏观管理，促进公司能源结构优化和节能降耗目标的实现。

远程运维系统：运筹帷幄，决胜千里

远程运维系统综合利用了AR技术及5G通信技术，能够让现场员工通过AR技术呈现出的设备虚拟现实空间，请外部专家进行远程诊断，不仅可以有效降低设备运维费用，避免因长时间停机给公司带来的高昂成本损失，也可以节省专家现场诊断维修的费用。相较于一般二维平面空间的画面而言，基于AR技术的远程运维系统生成的三维立体模型具有更强的直观表现力。

基于物联网技术的设备预测性维护

物联网,简称 IoT,其通过各种装置与技术,实时采集任何需要监控、连接、互动的物体或过程的信息,实现对物体和过程的智能化感知、识别和管理。

设备预测性维护是利用工业物联网、大数据分析、深度学习等技术,通过历史数据分析,建立设备工作状态实时预测模型,对设备进行实时监控和问题诊断,并预测设备各单元运行情况,即时预警,实现设备按需维护。

实时在线监测:最贴近制造现场的人工智能

在工厂部署硬件(服务器)及软件(图像算法模型)的基础上,人工智能检测技术能够通过现有的工厂设备图片,对工厂容易出现缺陷的环节进行实时在线检测。

TCL 华星首席执行官赵军认为,数字化转型要以公司实际业务场景为驱动,集中力量开展技术研究,重点关注提质、降本、增效等公司核心需求,做好工业互联网平台的建设,尽快实现智能化的工作环境和智慧园区建设,坚定不移地全力推进公司数字化转型。

与此同时,TCL 华星高级副总裁、数字化推进办公室主任陈盛中也表示,希望数字化平台的研究技术成果迅速转化为能够满足顾客需求的产品,为公司创造经济效益的同时,努力获得用户的认可。

通过TCL华星的成果，我们可以看到，TCL数字化转型催生的"智慧工厂"离我们越来越近了。

从中国走向世界

TCL是一家跨国企业。TCL不仅在国内推广数字化转型，还将数字化转型推广到了海外子公司。

2019年7月31日，TCL智能电器（越南）有限公司数字化一期项目正式启动。该项目由来自TCL运营中心总部、越南公司团队、数字化转型中心和财务共享中心的人员共计40余人组成了8个子项目团队负责执行。

在3个月的时间里，项目组工作人员密切配合，通过上百次的会议沟通，梳理了70多套业务流程，克服了业务基础薄弱、流程空缺、远程沟通不便、语言文化差异等多重困难和挑战，完成了IT弱电基础网络软硬件部署项目，上线了企业资源计划管理系统、财务共享系统、人力资源系统、制造执行系统、仓储管理系统、供应链管理系统等多个系统。

2019年11月6日，TCL智能电器（越南）有限公司数字化一期项目整体成功上线。这是TCL电子海外工厂首次搭建起完整的IT系统平台，为TCL电子推行全球制造供应链运营战略奠定了坚实的基础。

2019年，TCL还重组了智能终端业务，制定了以智慧显示为核心，以人工智能和物联网为技术支撑，为用户提供全场景智慧健康生活，全品类、全球化发展，致力于成为全球领先的智能科技公司的战略。

围绕智能家居用户的使用场景，TCL全套系智能家电能够让用户解放双手，增强用户使用产品的愉悦感和快乐感。在上游关键元器件、半导体材料方面，TCL拥有非常强的能力，能够在国家和行业未来发展中发挥重要作用。

此外，由于TCL的业务遍布全球160多个国家和地区，涉及电视面板、智能电视、智能手机等多项业务，如何确保数据、信息等实时联通，实现全球化运营也是TCL拓展海外市场的一大难题。

为了解决这一难题，TCL与亚马逊进行合作，将海外业务的核心系统部署在亚马逊云科技上。这些核心系统包括公司官网、客户关系管理系统、海外会员管理系统、海外电商系统、用户登录系统，以及可穿戴设备运营和维护系统等；同时，TCL还借助亚马逊云科技的技术重构了全球大数据平台，让全品类的物联网设备数据和业务系统实现互联互通，有力地支撑了TCL的全球化运营和数字化营销。

不仅如此，TCL还打造了全球化的物联网平台，实现了全品类智能互联以及与全球主流的AIoT服务的融合。这个平台可以在全球多个区域进行快速部署，并满足不同国家法律对于保护隐私的要求。

作为最早一批"走出去"的中国企业，TCL极具全球化竞争意识，以全球化作为产业布局和供应链布局的锚点，实现了产业"全球辐射、协同发展"的目标,这些经验值得中国企业学习和借鉴。

在 2021 年亚布力中国企业家论坛年会上,TCL 董事长李东生表示,TCL 已经确立了"全球领先"战略,以应对外部经济环境的变化。

"我们将进一步提高企业竞争力,加快海外市场和供应链布局。未来 3 年,我们力争达成海外业务超千亿营收(的目标),实现全球化的新突破。"李东生说。

当前,TCL 正持续深耕智能制造和工业 4.0 领域,已将 TCL 华星打造成智能工厂样本,构建了行业内首个工业互联整体解决方案。而在未来,TCL 将持续加速数字化转型,继续推进极致成本效率与敏捷制造的升级,将中国智造推送到全球的每一个消费者手中。

| 第十四章 |

四川大学：打造智慧平台，赋能智慧校园建设

> **导语** 随着科技革命和产业革命的深入发展，数字技术对社会经济和个人生活都产生了前所未有的巨大影响。作为"数字中国"的重要组成部分，数字教育对于促进我国教育现代化、实现教育强国、建设学习型社会等，具有重要意义。

第十四章 四川大学：打造智慧平台，赋能智慧校园建设

数字时代的高校建设

高等教育作为我国教育的重要组成部分，是进行数字化转型的重要领域。具体而言，高校的数字化转型要积极推动智慧高教平台的建设。

智慧高教平台既是优质课程资源的汇集地，也是这些优质课程资源为广大高校师生所共享的平台。建设好智慧高教平台，能够有效推动"线上线下混合式学习""翻转课堂""同步课堂"等多种教学模式，丰富课堂形式，使教学更加灵活，教学选择更加多样化。

目前，建设智慧高教平台有几个重要方面：丰富平台教学资源；打造一站式服务平台；优质资源逐步开放共享；开展高等教育数字化试点示范工作，推进平台建设应用、智慧场景搭建、教育数据治理等。不论是线上教学还是线上办公，智慧高教平台的建设都离不开高校的教务系统。

四川大学在我国高等教育界的地位举足轻重。作为我国重点建设的高水平研究型综合大学，四川大学在长期的办学过程中，坚持以校训"海纳百川，有容乃大"、校风"严谨、勤奋、求是、创新"为核心的川大精神，源源不断地为国家输送人才。

一所大学的教学管理和数字化平台的建设，关系到教学质

量和办公效率。为了适应新发展时期深化改革、快速发展的需求，进一步提高学校日常办公效率和管理水平，四川大学开始加快数字化平台的建设。

基于蓝凌EKP系统，四川大学搭建了高校智慧OA系统，加快了学校的数字化转型，并成为我国高校实现教育数字化转型的代表。

首先，在构建全新的数字化办公平台之前，蓝凌整理出了四川大学在日常办公与管理中存在的痛点，如表14-1所示。

表14-1 四川大学在日常办公与管理中的痛点

领域	痛点
工作流程	教学教研事务多，各部门教职工协同沟通不畅，工作效率低
信息传递	校园信息系统数量多，数据分散，业务整合难度大，导致决策受到多种因素的干扰
系统集成	教学相关事务繁多，但教务系统的反馈很慢；家校互动触点多，但在线支撑弱；同时，各系统互不相通，系统使用流程烦琐，导致教职工与学生的使用体验感差，对系统的认可度低
管理	分支机构多，管理半径大，学校统一管控困难
知识赋能	现有的学习平台系统不稳定，且功能单一，无法共享知识

四川大学在对多家企业进行调研、选型及方案评选之后，选择与蓝凌合作。蓝凌通过了解、分析四川大学的实际情况，决定从三个方面建设智慧OA系统，如图14-1所示。

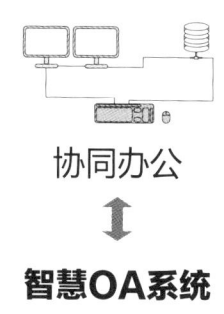

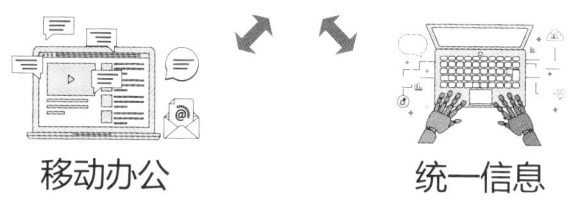

图 14-1 智慧 OA 系统

第一，在协同办公方面，蓝凌为四川大学构建了公文管理、督办管理、会议管理等模块，帮助四川大学实现多领域协同办公。

第二，在统一信息方面，通过数字化平台整合业务信息，蓝凌将四川大学分散的数据信息经过分析整理后，集中发布至平台，便于信息的共享和传递。

第三，在移动办公方面，为实现跨区域办公，蓝凌为四川大学搭建了移动办公平台。四川大学可通过移动办公平台，将数据信息上传到各个系统，系统将同步更新数据信息。

有了智慧 OA 系统的支持，教师便可在线上办公，学生也可随时随地在线学习。

与此同时，蓝凌还为四川大学量身定制了知识管理平台，在知识管理领域，为四川大学创建智慧校园提供助力。

智慧办公进校园

借助数字化办公平台，四川大学可通过公文管理、督办管理、会议管理、新闻管理等多个模块，全面提升学校的管理水平与工作效率。

首先，统一门户，构建信息、资源聚合入口。以往，四川大学的教务系统、教学系统、学工系统、人事系统等众多信息化系统互不相通。教职工与学生在操作多个系统时，需要来回切换，非常不便。如今，四川大学通过统一门户、统一身份认证，整合了多个第三方系统，实现了单点登录、统一推送待办事宜，并可根据不同岗位、不同部门的工作内容，集中发布相关信息，方便教职工共享信息与资源，集中处理手头工作。

其次，流程在线，提高教务协作效率。在统一流程的基础上，四川大学重新梳理了教学、人事、后勤、科研、财务等各类流程并实现了流程电子化。移动审批功能可以提高教职工跨部门、跨地域协作的效率。四川大学的教职工可以在移动端轻松发起请假、出差、举办学术会议、阶段工作汇报等各项流程，并让负责人审批。

再次，灵活办文，多级公文快速流转。蓝凌在研发数字化办公平台时，为了实现教育系统内各项公文的快速收发，确保信息高效、及时传达，将平台设置为支持《党政机关公文处理工作条例》规定的15类公文的起草，涵盖拟稿、核稿、审稿、签发、编号、排版、打印、分发、归档等工作，并开发"移动手写签批"功能，满足领导对于手写签批的需求，保障公文信息安全。领导通过iPad打开公文编辑页面，即可对公文进行批注、修改，点击"签批"，可快速手写审签，实现灵活办文，多级公文快速流转。

最后，移动办公，支撑跨时空沟通协作。四川大学基于移动办公平台，接入了第三方系统。教职工可通过移动端登录移动办公平台，处理各类教学事务；并且，四川大学的移动办公平台可按角色灵活配置学生、教师、教务等各类信息门户，助力信息的高效传达。数字化办公平台上线后，四川大学通过一站式网上办事大厅，实现了一体化教学管理，让校园办事更高效。此外，校务服务电子化让学生办事更便捷，全周期智慧迎新有效减轻了学校工作人员的工作量，大数据应用也使领导的决策更加高效。四川大学通过数字化办公平台，实现了流程提效、信息速达、资源共享、系统集成及统一管理。

档案信息化

通过数字化转型，四川大学也实现了档案馆馆藏档案的信息化。由于四川大学档案馆的馆藏数量庞大且内容覆盖面广，为更好地保存档案，自2012年起，学校大力推进档案资源的数字化转型，构建以数字资源为主的档案资源体系。

通过文字识别技术，四川大学加快了历史文档的数字化步伐，形成档案数字资源数据库。截至2022年4月，四川大学已完成20多万卷档案的数字化信息采集工作，馆藏数字化率已达70%，建立了数字档案储存和备份体系，包括档案图像资源库、档案目录资源库、档案全文资源库、档案缩微胶片库和档案级光盘资源库等。

将档案数字化后，四川大学档案馆在此基础上，建设了多个不同类型的档案资源展示系统，如表14-2所示。

表14-2　四川大学档案资源展示系统

系统	功能
川大兰台	档案数字资源管理。集成了综合档案管理、学籍学历服务、学生档案管理、档案信息发布等，通过在线文档安全浏览等功能保障数据运行安全，实现了档案一站式管理和服务
发现川大	历史档案信息发布。面向广大校内外用户展示历史档案数字化图像，提供一个开放式、可交互的历史档案查询与利用平台。该平台不仅可以让用户根据关键词快速查阅图文并茂的档案信息，还可以向用户提供基于社会化标签的档案资源信息组织和检索服务
川大记忆	以四川大学校史文化为主题，按照"川大图苑""川大影苑""川大书苑""川大学苑"四个部分，分别展示与校史文化相关的照片、视频、图书和教案等，以期全面服务四川大学校史文化建设

为充分发挥校史育人的作用，四川大学打造了以实体校史展览馆为蓝本的"四川大学网上校史展览馆"。网上校史展览馆包括主题展览和专题展览两部分，主题展览《世纪弦歌，百年传响：四川大学校史展》，由"文脉绵延""鸿基初创""筚路

蓝缕""黾勉同心""盛世华章"五部分组成；专题展览则是结合各类时事开展的展览，如"抗震救灾，川大在行动""抗战中的川大""辛亥川大"等。

坚持以人为本，构建档案综合利用服务体系。四川大学为满足师生的阅览、检索等需求，建设了数字档案阅览室和"指尖上的档案馆"。为便利师生阅览以及资料整理，线下的数字档案阅览室配备了计算机、缩微胶片阅读器、打印机、大型扫描仪等基本设备。线上的数字档案馆（即"指尖上的档案馆"）可为师生提供远程阅览服务，"随需随阅"的功能满足了学生的阅览需求。

智慧校园的价值体现

通过构建全新的智慧 OA 系统，四川大学在办事、办文及办公方面更加高效，全面提升了学校管理水平和全员工作效率，如表 14-3 所示。

表 14-3 智慧 OA 系统的价值体现

方面	作用
多领域协同模块	公文管理、会议管理等各类协同模块，助力四川大学全面实现无纸化、效率化、知识化协同办公，提升了四川大学的管理水平以及教职工的工作效率
开放式统一架构	具有良好的扩展性、安全性、稳定性、实用性以及先进性，为四川大学信息化的深入发展奠定了良好的基础

续表

方面	作用
移动办公平台	满足了从学校领导到全体老师随时随地办公的需求
审批信息化	支撑领导层决策,使领导层办公更快捷、更安全,提高领导层的工作效率
在线遴选	构建"新生智慧遴选系统",以流程为核心,规范遴选规则,为学校对新生的筛选提供数据和流程支撑,提升师生满意度

由此可见,集教育、管理、服务于一体的智慧OA系统,能够帮助四川大学有效整合各类数据信息,打造人性化服务体验,实现知识赋能。

在新的征程上,四川大学将踔厉奋发、勇毅前行,努力将智慧校园塑造成一个更加美好的师生线上家园。在新时代、新环境下,四川大学将以学子为重,为广大学子创造一个学习更加便利、环境更加安全放心的智慧校园平台,运用智慧校园为学生提供更加完善的查询、引导和管理服务。